「公金頼み」と決別する

社会福祉法人の正しい経営

松本 修
MATSUMOTO OSAMU

幻冬舎MC

「公金頼み」と決別する

社会福祉法人の正しい経営

はじめに

社会福祉法人は、障がい者、高齢者、生活困窮者などに向けた福祉サービスを提供し、地域の安心・安全な生活を支える重要な存在です。しかし、全国の社会福祉法人の約３割が赤字で、地域福祉の基盤が財政的に揺らいでいます。社会福祉法人には税金を原資とする補助金が国や地方公共団体から給付されますが、そうした公金に依存してかろうじて経営を維持している法人も少なくないのです。

私は京都府内を中心に９カ所の福祉施設を経営しており、グループ全体の収益は公金に依存しなくても安定し、年間収益の10％、３・５億円前後の利益を生み出しています。

このような結果が出ているのは、スタッフの労働環境の整備やコスト管理を徹底する「正しい経営」ができているからだと考えています。

労働環境の整備においては、そもそも福祉の仕事は「奉仕の精神」が根底にあるためスタッフにも自己犠牲を求めがちです。しかし、赤字経営に陥る法人の多くは「利用者様のため」という考えに過剰に固執した結果、多くの事業所でスタッフが疲弊して離職してしまい、全体としてのサービスの質が低下するという悪循環が起きています。

これに対して、私の法人では働き方改革の取り組みが社会に浸透するよりも前から「従業員ファースト」を掲げ、長時間労働の排除や休暇取得の推進、報酬の改善など、従業員が働きやすく、仕事に誇りをもてる環境づくりを進めてきました。それによって従業員の満足度が高まり、笑顔で接することで利用者の満足度が上がり、その評判が広がって優秀なスタッフと利用者が増えていく好循環が生まれていると信じています。

コスト管理の面では、公金頼みで赤字経営を漫然と続けている法人も少なくないなか、「必要な経費は惜しまず、無駄な経費は1円も使わない」という意識をグループ全体に浸透させたうえで、私は各施設長に予算作成の権限を与えています。それにより各施設のコスト意識が高まり、適正な収益を上げることができています。

このような方針によって、公金に依存せず自立した経営を実現することを、私は社会福祉法人の「正しい経営」と定義しています。本書では福祉業界における現状の問題点を挙げ、「正しい経営」を実現する具体的な取り組み方を提示します。私が実際に取り組んできた施策と効果を通じて、福祉を必要とする当事者と、彼らを支える周りの人たちが自分らしく幸せに暮らせる地域社会が実現できれば、これ以上にうれしいことはありません。

目次

第3章 「利用者ファースト」の考えを捨てる――従業員の「働きやすさ（＝生産性）」を最重視した労働環境の整備

第4章 公金に頼らず、黒字化する——健全な経営を実現する投資とコスト管理の徹底

第５章　50年先を見据えた「発展・継続性」にこだわり抜く——
社会福祉法人ならではの事業戦略

第6章 利益を還元し、地域の基幹産業となる――社会福祉法人がもつポテンシャル

第1章

万年赤字でよしとされる放漫経営の実態——

社会福祉法人の深刻な公金依存の体質

社会福祉法人の変革期

変わるか、消えるか。社会福祉法人は選択のときを迎えています。

高齢者、障がい者、児童、生活困窮者などを支える社会福祉法人は、全国で約2万法人、約8万の施設があります。しかしこれらの施設は身内などに障がい者や高齢者がいない人は接点がほとんどありません。そのため、経営状況などについて注目される機会が少ないのですが、収益状況が悪く、赤字の施設も多いのが実態です。

社会福祉法人の収益状況を見ると、２０２１年度における赤字法人割合は31・3％でした（福祉医療機構〔ＷＡＭ〕２０２２年）。国内の法人全体では、普通法人の65・3％が赤字（２０２１年度）ですから、それと比べれば「マシ」であり、むしろ健全と思う人もいるかと思います。

しかし、黒字の社会福祉法人だからといって決して順調に経営できているわけではありません。黒字法人のなかには利益が１００万円や２００万円しかない赤字ギリギリの法人が数多くあります。外部環境が変わったり、コロナ禍のような突発的な出来事が起きたり

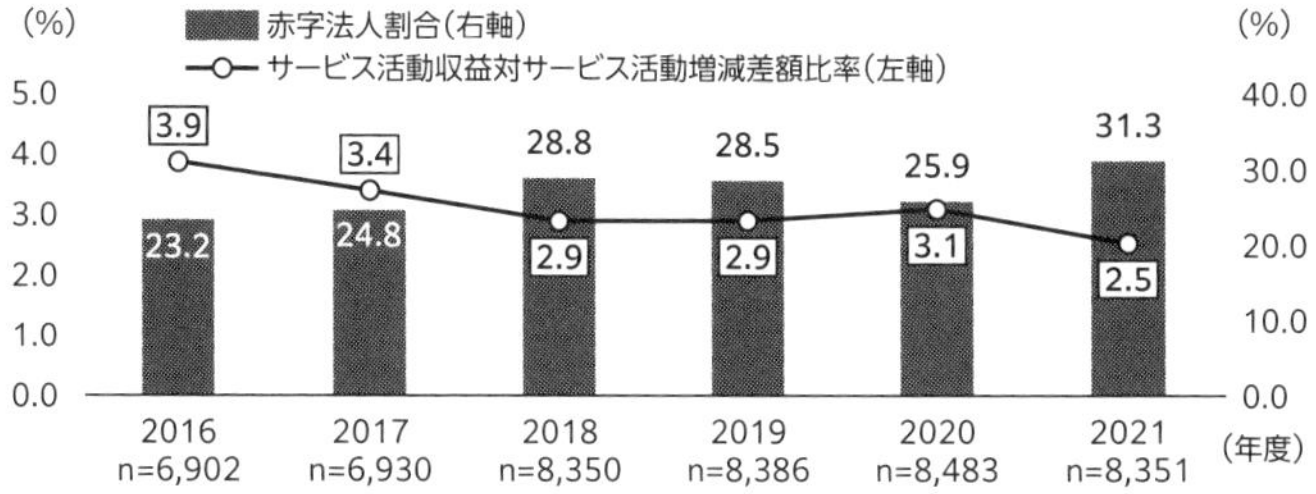

社会福祉法人のサービス活動収益対サービス活動増減差額比率および赤字法人割合の推移

出典：独立行政法人福祉医療機構 リサーチレポート 2021年度(令和3年度)社会福祉法人の経営状況について

することによって、これらの法人は簡単に赤字に転落します。こうした潜在的な赤字法人を含めると、経営難に陥るリスクが高い施設は想像以上に多いのです。経営難に陥れば倒産する可能性もあります。あるいは、業界内の再編によって体力がない施設や法人の吸収合併が進んでいきます。

これはバブル経済の崩壊を機に地方銀行や都市銀行の再編が起きたときと同じ状況です。かつての銀行は一生安泰に勤められる法人の象徴的な存在で、潰れる可能性を疑った人はほとんどいませんでした。しかし、現実には経済危機に陥り、経営や業態を変えられなかった銀行から順に消えていきました。

社会福祉法人も同じで「潰れることはない」と思っている人が大半です。しかし、その根拠のない自信はまもなく崩れます。そして社会福祉法人の消滅や統廃合が進むことによって地域福祉の施設と働き手が減り、福祉ニーズに応えられなくなっていくのです。

放漫経営が生み出す問題

赤字、または赤字ギリギリの状態に陥っている主な原因は放漫経営です。つまり企業のオーナーや経営者の管理能力と運営能力が低いこと、また、その結果として経営者が思いつきで意思決定したり、計画性のない経営判断を繰り返したりしているためです。

放漫経営は経営資源であるヒト・モノ・カネの各分野にはびこり、問題を生み出します。ヒトの面では、計画性のない採用によって人員の過不足が生じ、人員過多による人件費の負担が大きくなったり、人員不足によって福祉サービスの質が低下したりします。また、人が足りなければ過重労働になり、忙しさに耐えかねた人が退職していきます。少人数でのケアは利用者の扱いが雑になりやすく、転倒や誤嚥《ごえん》といった利用者の命を脅かす事故も起きやすくなります。

福祉サービスは労働集約型ですので、適正な能力をもつ人を適正な数だけそろえなければ成立しません。採用や育成の制度を整え、優秀な人を増やしていけば福祉サービスの質が向上し、利用者も売上も増えていく正のスパイラルが生まれますが、放漫経営の状態ではそのような制度がつくれず、サービスの質が落ち、事業が縮小していく負のスパイラルに陥るのです。

モノの面では、社会福祉法人の施設は30年ほど前に建てられたものが多く、全国的に施設の老朽化が進んでいます。従業員が安心して働き、利用者が安心して過ごせる環境を維持するためには、このような施設を適宜建築ならびに改修する必要があり、そのための資金として、社会福祉法人は原則として都道府県などから施設の整備費の一部を補助される仕組みになっています。しかし、残りの資金を準備できなければ施設の改修や建て替えはできません。放漫経営によって収益状況が悪い法人は施設への投資ができないのです。

カネは施設運営の原資ですので、収益性が悪く、改善に向けた計画を描けないことにより、人を雇ったり、施設を改修したりすることが難しくなります。経営安定に向けた資金調達の手段として、公的な補助や交付金を頼ったり、社会福祉法人向けの融資機関に頼ったりすることはできます。

しかし、行政から投じられる資金は税金が源泉です。赤字補填のために公的な補助や交付金を頼る社会福祉法人が増えるほど、自治体の負担が大きくなります。その影響は利用者のみならず納税者で生活者である地域の住民に及び、住民の暮らしの質を低下させ行政の弱体化をもたらします。

縁故優先による経営の私物化

放漫経営に陥る原因は経営者個人、社会福祉法人業界、外部環境の3つに分けられます。経営者個人についていえば、放漫経営の社会福祉法人には同族経営が多いという共通点があります。親やその前の世代から家業として経営し、家族や親族が経営の中核である幹部層となっている法人です。

同族経営では「家業を守ろう」「自分の代で潰さないようにしよう」といった意志が強くなるのが良い面です。「門前の小僧　習わぬ経を読む」で自然と福祉に興味や関心をもつようになり、先代から受け継ぐ家業に誇りをもつようにもなります。

一方で、縁故優先の考えが強くなるというデメリットがあります。いずれ息子が事業を継ぐから、親族がいたほうが話をしやすいから、といった理由で同族の人が経営幹部や役員など要職に就くケースです。経営と縁故が安易にひも付くことで、経営する意欲も能力もない「名ばかり役員」が不適切に高い報酬を得るなど、社会福祉法人が私物化されている実態もあります。

従業員や利用者についても同じです。従業員については、親族の知り合いのツテで入ってくる人が増えます。業務への意欲や適性のある人ならいいですが、そうでない人も採用され、のちのちトラブルになることもあります。

利用者も、本来は重度の障がいを抱える人や介護の必要性が大きい人を優先して入所させることが重要です。しかし縁故優遇によって入所基準が守られず、本当に必要な人々の利用ができなくなるケースもあります。

人脈に価値があると考えれば、ツテをたどって従業員や利用者が増えることは施設運営や売上の確保という点では良いことです。しかし、縁故優先の考えは公私の区別がつかなくなったり、法人として成長させていくための視野が極めて狭くなったりするデメリットもあります。公的な補助金に安易に頼るのと同じで、縁故に頼ることで法人として自立できなくなるのです。

福祉と経営を両方理解しなければならない

放漫経営に陥る経営者個人の問題では、福祉に関する知見、または経営ノウハウのどちらかが不足しているケースもあります。福祉の知見が不足している例は、儲かりそうだ、需要がありそうだといった安易な発想で異業種から参入してくる企業の経営者などです。

社会福祉法人は人の生活を支える事業で、利用者の生活、人生、命を預かります。地域雇用の担い手として従業員に適切な給料を払うことで、彼らの生活も支えています。つまり異業種での経営経験があっても、適切な福祉サービスを提供する、福祉と雇用の両面で地域のインフラとして成長させていくといった視点がなければ社会福祉法人の経営はうまくいかないのです。

一方で、福祉の知見が十分にあったとしても、それだけでは不十分です。例えば、赤字の社会福祉法人は、経営者が「福祉は地域に不可欠なインフラなので潰れない」「利益を追求しなくていい」と考えている傾向があります。「困ったときは行政を頼ればいい」「自分が経営をしている間に潰れなければいい」と思っている人もいます。

このタイプの経営者は経営に関する知識やノウハウが足りない傾向があります。赤字経営や、その先にある倒産に対する危機意識も薄いため、売上を伸ばしたり安定させたりするための戦略を考えません。

社会福祉法人も法人の一種であると考えると、非営利組織であっても適正な利益を得る必要があります。マネジメントの父、ドラッカーが言うように利益獲得は法人の目的ではありませんが、法人としての活動を継続し、存続していくための条件です。

適正な利益の獲得と地域への貢献は表裏一体です。社会福祉法人が障がい者や高齢者の生活を支え、彼ら当事者の家族の生活を間接的に支えることにより、その対価として利益が得られます。収益性が安定して向上していくことにより、社会福祉法人は地域福祉の担い手であり続けることができ、地域福祉の充実によって地域全体が発展していきます。その視点を欠くことも放漫経営につながる原因なのです。

行政任せの天下り経営者

放漫経営に陥る社会福祉法人業界には天下りの問題があり、地域の役所などを引退した人が施設長や理事長に就くケースが一定数あります。天下りは多くの業界にもあるもので、地方自治体にとっては社会福祉法人が天下り先の一つです。自治体とのやりとりや連携が多いため、役所出身の人が施設長や理事長となることで、自治体とのやりとりが円滑化したり、連携しやすくなったりすることもあります。

しかし現役時代から福祉事業に関わってきた人であればよいのですが、実際には福祉や経営の知識や経験がない人が慣習的に幹部として受け入れられているのです。

そういう人たちはセカンドキャリアとして引退から数年間の収入が確保できればいいと考えています。福祉や経営について勉強する意識が薄いため、社会福祉法人や施設の中長期ビジョンを考えませんし、考えようという意識も低くなります。「前の施設長はこうしていた」「従来の施設経営はこんなふうだった」といった慣例に従うだけの経営になります。

天下りがもう一つ深刻なのは、公金頼みの経営を助長することです。天下りの人たちは出身地である役所には顔が利くため、法人側にも、「困ったら行政に相談すればいい」「役所の知り合いに助けてもらえばいい」という意識が強くなります。社会福祉法人は独自の経営判断によって自走する経営を実現し、従業員、利用者、地域に貢献することを使命としているにもかかわらず、役所への依存度が高くなることによって役所の顔色をうかがい、その言い分に従うだけの経営になってしまうのです。

資金難の社会福祉法人が公的な補助金などをもらうことを否定はしません。しかし、経営の本質は行政任せになることではなく、それぞれが経営のしっかりした自走を目指し、必要な資金や制度を自分たちでつくり、実行していくことです。

役所への依存と公金頼みの意識が強い天下り経営者は、本来の役目である経営を放置し、行政からできるだけ多く補助金などを得ることに時間と労力を使ってしまうのです。

前例主義が変化を遠ざける

社会福祉法人業界の問題としては、経営の決定権が理事長に集約され、ワンマン経営になる傾向もあります。赤字の法人がいつまでも公金頼みの経営に終始するのも、決定権のある施設長や理事長がその方針を掲げていると同時に、従業員がそういうものだ、それで当然だと思ってしまっているためです。言い換えると経営者の放漫経営を従業員が許してしまっているということです。従業員も、経営側に改革の意欲がなければ、自分たちの手で改革しようという意欲を失い、現状に諦めを感じて経営側の方針に、流されるままになってしまうのも無理ありません。

私は経営方針について強く主張し、少なくとも役員とは徹底的に議論しますし、現場に出向いて従業員の声も直接聞きます。しかしそのような場や機会を意識してつくらない限り、前例に従うのが正しいという前例主義に陥りやすいのが社会福祉法人の特徴の一つです。

昔はこうだった、いつもこうやっている、だからそれでいいといった考えが強く、それ以上は思考停止してしまい新しいことを避けます。公金頼みの経営が続いていればそのままいつまでも引き継ぎ、現場での支援の手順なども、新しい方法を考えたり試したりせずに前日までと同じ方法を続けようとします。

これは福祉業界に限らず、成長しない企業によく見られる傾向です。特に福祉施設の場合はなにかを変えることが事故のリスクにつながる可能性があります。なにかあったときには当事者の家族や社会から責任を問われますし、それは経営者にとってリスクとなります。

そのため、新しい取り組みには消極的になりがちです。前日までの支援方法でうまくいっていたなら、仮にその方法を効率化できる可能性があったとしても、事故が起きるリスクを避けるために従来の方法を続けようと考えるのです。

新しい方法を考えない、試さないという点で、これも放漫経営の現れです。成長を目指すのであれば常に既存の方法を見直し、新しい方法を取り入れることが大事なのですが、業界特性として前例主義にとらわれやすいのです。

監査とガバナンスが弱い

業界のもう一つの問題は、民間企業に比べて監査の効果が弱いことです。現在の法律では、直近の会計年度での売上が30億円を超えている法人、または負債が60億円を超えている社会福祉法人について会計監査人の設置が義務付けられています。また、厚生労働省からは、監査対象を売上20億円超、または負債40億円超の法人に拡大する方針も示されています。

この仕組みをうまく使うことで、カネの面では会計処理の誤りが減り、財務を改善することができます。赤字化や経営不振をもたらす放漫経営は、売上を伸ばすための事業戦略と、手持ちの資金や資産を適正に管理し、有効に使う財務戦略が放置されていることが主な要因ですので、監査によって財務を最適化することは改善の有効な手段になります。

また、監査は組織としてのガバナンス機能を強化する効果も期待できます。その点では、公金頼みの経営を是正することや、財務情報の管理と開示によって経営そのものを適正化する効果も見込めます。

監査は企業の経営状態や財政状況が健全であるかを確認するために行われます。株主、投資家、取引先は企業の財務諸表をもとに投資判断を下すため、常に記載内容を正しく保たなければいけません。

ただし、監査が義務付けられているのは、一般社会でいえば大企業に該当するような売上や負債が一定の金額を超えている法人です。赤字リスクが大きい法人の多くは売上の規模が小さい法人が中心で、監査対象に含まれません。

社会福祉法人全体の売上規模を見ても、年間売上が1~2億円の法人が最も多く、9割の法人が10億円以下です。9施設をもつ私たちでも、グループ全体の売上は医療法人と合わせて約34億円で、監査対象のボーダーラインです。経営改善に向けて監査が果たす役割は大きいのですが、現実には活用できていないのです。

また、福祉事業と一般企業とでは監査が経営改善に貢献できる領域が異なります。いずれも法人である点は同じですが、一般企業の経営は会社法が定めるルールに基づき、社会福祉法人は社会福祉法に基づいています。一般企業は利益を追求して成長を目指し、それが企業として存続していくための条件となるのに対して、社会福祉法人の福祉事業は非営利で、公共性と公益性が高い事業を展開することを求められます。

このような成り立ちや存在意義の違いがあるため、一般企業の経営改善に役立つ示唆が社会福祉法人には通用しないこともあります。監査の効果として、コンプライアンス意識の向上、適正な会計処理、正しい書類の作成などは期待できますが、さらに踏み込んだ抜本的な経営改善は難しいといえます。監査側には福祉事業に関する一定の知識と理解が求められるため、その点でも的確なアドバイスなどが受けられる可能性は低く、結果として財務戦略が現状のまま放置されてしまうのです。

社会の関心の低さも一因

放漫経営を生む環境としては、社会全体の社会福祉法人への関心の低さを問題として挙げることができます。つまり社会の注目度が低く、指摘などを受ける機会が少ないため、経営者の経営意識が育ちにくくなるということです。

一般企業は収益性や成長性が社会に評価されます。売上が伸びなければ株主の批判を受けますし、知名度やブランド力が業績や採用などにも影響します。消費者として、働き手として、または株主などとして企業と接点をもつことを通じて、経営改善につながる指摘が多く生まれるわけです。

これに対して社会福祉法人は、社会との接点が少なく、事業の仕組み、制度、内情が分かりにくいため、法人の業務やあり方について社会全体からのチェックが届きにくく、それが放漫経営を助長しているのです。

また福祉サービスが社会福祉法人に任せきりになっている側面もあります。家族では面倒をみることができない障がい者や世話ができない高齢者を施設に任せることで、当事者の家族などは働きに出たり、円滑な社会生活を送れたりするようになりました。

しかしその状態が当たり前とされるのは、良くありません。施設内で事故などが起きたときに、その責任がすべて施設にあると考える社会になるからです。あらゆる責任が施設に転嫁されるようになると、社会福祉法人の経営者は前例主義にとらわれやすくなります。新しいことに挑戦しよう、経営を変革しようといった意識があっても、なにか起きたときのリスクと責任を負うことに非常に強い危機感をもち、挑戦を避けてしまうからです。

当事者家族を間接的に支えている

社会における社会福祉法人への関心の低さは、経営者が直視しなければならない現実であり大きな課題です。同時に、地域に暮らす人たちの問題でもあります。

社会福祉法人は障がい者や高齢者などの当事者はもちろん、その家族にとっても重要なインフラです。放漫経営などが原因で社会福祉法人が減ったりなくなったりすると、当事者だけでなくその家族も困り、地域経済にも間接的に影響が出るということです。

介護が必要な高齢者を抱える家族を例にすると、２０２２年には1年間に約９・５万人が介護などを理由に離職しています（厚生労働省）。社会福祉法人がインフラとしてそれなりに機能している現状でも、これだけの人が介護を理由に社会活動や経済活動から離れなければならない実態があります。経営が破綻して施設が減れば、離職者の数はさらに増えてしまうはずです。

地域経済という点では、施設で働いている人についても考えなければなりません。介護分野を例にすると、過去20年ほどの間に、介護サービスや介護施設で働く人の数は大きく増加し、2021年時点で214・9万人になりました。施設が減れば、彼らの働く場が減ります。社会福祉法人の放漫経営は、施設の利用者、利用者の家族、住民、従業員を含めて地域全体に悪影響を与えるもので、無視も軽視もできない大きな社会課題です。

さらに、社会福祉法人の施設の潜在的な利用者のことも考える必要があります。障がいを例にすると、国内には491万人の障がい者がいます。しかし、これはあくまで身体障害者手帳をもつ人の数で、障がいがあることを知られたくない人や、自分の障がいに気づいていない人は含まれません。彼らの障がいが重度化した場合の受け入れ先となるのは社会福祉法人の施設です。

生まれつき障がいのある人もいますが、障がいがなく健康的に生きてきた人が、事故や病気などによって障がい者となることもあります。つまり自分自身も潜在的な利用者だということです。

高齢者施設についても同じです。高齢になれば支援や介護が必要になりますし、その際には自分だけでなく家族も困ります。現状で支援や介護を必要としている高齢者（要介護・要支援認定者）は690万人、デイサービスなどを含むサービス受給者は589万人です。国内の高齢化が進むことでこの数は増えます。高齢者施設が減れば、こうしたサービスを受けられない人が溢れます。

そのようなことを防ぐためには、民間企業でも介護休暇を設ける、休業手当を支給するなど、高齢者や障がい者を抱える家族に対する支援制度を充実させることが大事です。ただし、信頼して身内を預けられるインフラがきちんと存在していることが大前提です。

絶対に潰さない経営を確立する

放漫経営の問題は、社会福祉法人の従業員や利用者だけでなく、彼らの家族や地域全体にもたらす影響まで含めて考えなければならない問題です。法人が減ったり統合されたりすることにより、今の利用者と利用者家族の日常生活が不便になり、将来の利用者を受け入れる場所が減ります。社会福祉法人による地域福祉が整っていないことが住民の不安材料になり、地域から人が流出し、経済活動も弱くなります。

この状況を変えるために、社会福祉法人の経営者は意識を転換しなければなりません。対外的な取り組みとしては、社会での関心を高め、存在意義を周知していく必要があります。社会福祉法人が地域に不可欠なインフラであると認知させることが大きな目標です。

これは社会福祉法人の存在意義と言い換えることができます。社会福祉法人に限らず、あらゆる法人は意義があって存在しています。その根底には社会に必要とされる理由があり、理由があるから存続します。変わるか、消えるかという選択を迫られているなかで、社会福祉法人は人を支え、地域を支えることによって地域に必要とされる存在に変わらなければなりません。

そのためには、地域福祉を担う事業体の責任者である自覚と、地域を支えるインフラとして絶対に潰してはいけないという覚悟をもって、放漫経営と決別することが求められます。変革に通じる具体的で効果的な施策を考え、実行していくことにより社会福祉法人大変革の時代を生き抜いていくことが社会福祉法人の正しい経営です。

第2章

利益を追求し、地域に還元する――
社会福祉法人に求められる正しい経営とは

従業員第一の経営

正しい経営を実現していくためには、客観的で妥当性のある経営に変えていくための見直しが大事です。経営資源であるヒト・モノ・カネそれぞれの観点において、自分たちの組織がどういう状態なのか、なにが欠けているか、どこをどう変えるのが良いかを知ることが正しい経営への第一歩です。

ヒト・モノ・カネを経営戦略に当てはめると、ヒトは人事戦略、モノは設備や建物の管理と投資、カネは売上やコストの管理と言い換えることができます。

一つ目の論点であるヒトに関する人事戦略では、社会福祉法人は労働集約型であるため、ヒトがどう考え、どう動くかによって組織そのものが変わります。また、労働集約型という点では、世の中の一般的な仕事よりも多くの人を集め、定着させなければなりません。一般企業は8時間労働が多いのですが、施設入所者に向けた福祉サービスは24時間の稼働です。1日24時間を8時間労働の3交代制で割り振るとしたら、単純計算で一般企業の3倍の従業員が必要です。休日も無人にできませんので、さらに人が必要です。

このような体制を構築するためには、制度や待遇などあらゆる面で従業員が納得し、満足できる職場環境にすることが重要です。つまり従業員満足度（ＥＳ）を高めるということです。

事業ではよく顧客満足度（ＣＳ）が大事といいますが、労働集約型の事業では、福祉サービスを受ける利用者と、その提供者である従業員が表裏一体です。利用者が満足するサービスを提供していくためには、従業員も業務や職場に満足することが大事なのです。

しかし多くの社会福祉法人の現状は、ＥＳが高いとはいえません。例えば、従業員の残業が月50時間を超えていたり、夜勤が連続していたりする施設があります。

また児童が入所している障がい者施設には「中抜け」というシフトがあります。子どもたちが養護学校に行っている昼間の時間は業務が少なくなるため、従業員にも一度帰ってもらい、子どもたちが戻ってくる夕方に再び出勤してもらうシフトです。

このような労働環境は従業員の負担が大きく、労働力不足の原因になっています。人が集まらない施設では、朝と夕方をパートの従業員で対応しているケースもあり、なかには常勤の正社員が３人、パート従業員が10人といった比率になっていることもあります。

介助などの業務に携わる人を確保するという点ではパート従業員やアルバイトを雇用す

る方法も有効です。実際、私の経営する施設でも多くのパート従業員の助けによって利用者により良いサービスを提供することができています。仮に福祉に関する知識や経験が少なくても、福祉サービスの担い手としての責任感や熱意があれば、正社員もパートも区別なく、施設の運営を支えてくれる大きな力となってくれるのです。

逆に人が集まらない施設の場合、施設の運営方針自体に問題があるためにパート従業員も正社員も無理な業務を強いられているケースが多いです。

残業の多い状態が放置されたり、中抜けのような不規則な働き方が横行したりする原因は、従業員が感じるあらゆる不満が「利用者様のため」という言葉で片付けられてしまう傾向があるからです。確かに福祉はホスピタリティーが重要で、福祉という言葉は「誰かのために尽くす」という意味を含みます。そのせいもあって、社会福祉法人業界全体として従業員に自己犠牲と、滅私奉公のボランティア的な労働を求めることが多いのです。

しかしこういった自己犠牲に頼る経営は必ず破綻します。地域に根ざして長期にわたって住民を支え続けるサステナブルな経営を実現するためには、利用者だけでなく、従業員や取引先や近隣住民を含め、事業に関わるすべての人の満足を目指すことが大前提です。

だからこそ社会福祉法人はＥＳの考えをもって労働環境を見直し、自己犠牲を求めない仕組みに変える必要があります。設備投資などによって業務の負担を軽くしたり、給料や教育体制を充実させたりすれば、従業員は快適に働けるようになります。従業員が定着するようになれば、長く働くことによってそれぞれの知識と経験が増えます。モチベーションが高まる要因にもなり、福祉サービスの質も向上します。これは利用者にとっても良いことで、福祉サービスの受け手と提供者がウィン・ウィンの関係になります。

また、質が高い福祉サービスを提供できる施設となれば、利用者と売上が増え、公金頼みの経営からも脱却しやすくなります。従業員数も増え、より多くの利用者を支援でき、より多くの人が働ける雇用の拠点にもなります。これは地域にとって良いことで、地域も含めていわばウィン・ウィン・ウィンの関係ができ、社会福祉法人と地域が長期にわたって共存していくサステナブルな状態がつくれるのです。

モノへの投資で施設の価値を高める

正しい経営を実現する第二の論点は、設備や建物といったモノの管理と投資です。不便なく使える設備などをそろえ、施設を改修することによって、従業員と利用者が快適に過ごせる環境をつくることができます。

新しい設備などを積極的に導入している施設は業務効率が良くなり、事故発生のリスクも低くなります。快適と感じる利用者が増えることで、そういう良い情報も周囲に広がり、さらなる利用者と利益が増えやすくなります。

ひと昔前まではあらゆることが人力でアナログでしたが、今はそれら業務の一部をＩＣＴ関連の機器に任せることができます。ベッド一つとっても、電動ベッドが増えて従業員の負担は大きく軽減しています。

さらに、私たちの施設ではスマートフォンで居室を映し出して利用者の状態を確認できるＡＩビューライフなど、さまざまなＩＣＴ機器が実用化されています。特にこの機器の導入によって居室が密室になることがなくなり、利用者の安全安心だけでなく、従業員の負担軽減にもつながって、両者にとってより快適かつ安全なサービスが提供できます。

介助の現場を見ると、最近は日本全体の高齢化が進むのに合わせて利用者も高齢化しています。高齢になるほど利用者が自力でできることが少なくなっていくため、従業員による介助業務も増え、以前と比べて体力が必要になります。そのような実態を踏まえて、設備などを継続的に導入していくことがモノへの投資の観点から見た、正しい経営です。

また、モノへの適正な投資は、日々の業務のなかで利用者と従業員のトラブル、事故などの発生リスクを抑えることにつながります。従業員の不注意や介助のミスなどによって利用者にケガを負わせてしまうことを減らし、双方が快適に過ごせる環境づくりにおいて、これは重要なポイントです。

介助を受ける利用者のなかには骨がもろい人や食べ物を飲み込む力が弱い人がいます。そのため、日々の介助では転倒、骨折、誤嚥などに細心の注意を払う必要があり、この精神的なストレスは従業員にとって非常に大きいものです。

障がい者施設では、従業員が急にたたかれたり、唾《つば》を吐かれたりすることがあります。そのような行為に対して、従業員は彼らが傷つくことのないように注意しながら対応しなければなりません。

利用者がケガをしたり事故が起きたりした場合には、施設の責任が問われるだけでなく、担当した従業員も責任を負うことになります。私たちの施設でも、過去に介護する高齢者の骨折事故が起きたり、障がいのある利用者同士がケンカをして傷を負ったりしたことがあり、その都度、利用者の家族に状況説明などを丁寧かつ真摯にしていくことで理解を得てきました。こうした努力の積み重ねが施設の信用の向上につながっていきます。

このような事故やトラブルは、設備などを充実させることによってある程度まで防ぐことができます。そのことを念頭に置いて、設備の導入や入れ替えなどの面から安全な環境づくりに取り組んでいくことがモノへの投資における正しい経営です。

建物の改修や建て替えにおいても、重要なのは快適さと安全性の両立です。社会福祉法人の施設は全体的に老朽化が進んでいます。耐用年数を考えるとそろそろ新しく建て替えたり改修によって不便な点を減らしたりしていく時期を迎えている建物も多いのですが、収益状況が悪い施設はそのための資金を確保できません。そのため、利用者の満足度や評価が上がらず、さらに収益性が悪くなるマイナスのスパイラルに陥っています。

施設の改修や建て替えにはまとまった資金が必要となるため、手持ちの資金が足りなければ行政による補助金や融資などを使う方法があります。施設は社会福祉法人の資産であり、同業他社に対する差別化要素でもあります。補助金を活用した施設の価値を高めるための投資は、正しい経営の実践という点でまさしく正しい投資といえます。

しかし建物の建て替えは億単位の資金がかかるため、収益状況が悪い施設にとっては大きな決断になります。

金融機関からの融資は借金ですので、確かにリスクはありますが、見方を変えれば強みであるともいえます。融資を受けるためには金融機関からの信用が必要なため、すべての法人が借りられるわけではないからです。

その強みを活かすことで、投資のための資金を貯める時間を省略することができます。年間で1億円ずつ利益を貯められる法人の場合、10億円貯めるためには10年かかります。しかし、融資でその資金を調達できれば、貯めるための時間が不要になります。ただし、忘れてはならないのは補助金ありき、融資ありきの投資はよくないということです。

重要なのは施設の価値を高めることです。また、事業の自立という点では、改修や建て替えのための資金をなるべく多く、自力で調達することが理想です。融資や補助金を前提として考えると他人頼みの経営になります。公金頼みの経営も、その根底には行政への依存があります。そのような放漫経営に陥らないためにも、なんのための投資なのかを明確にし、収益性改善の戦略と合わせた投資計画を立てることが重要です。

適正な経営で得た利益を正しく使う

正しい経営を実現する第三の論点は、売上やコストなどカネに関する適正な管理です。売上を伸ばし、コストを適正に使うことで、事業が安定して成長しやすくなります。これは行政などへの依存体質から抜け出し、公金や補助金を当たり前にしない経営の自立につながります。カネはヒトとモノにも関わりますので、従業員が納得できる報酬を払うことや、利用者の満足度や事業の収益性改善につながる投資を行うことも大事です。

売上や利益などは経営の実態を示す客観的な指標です。収益性が成長を表し、コストの無駄遣いが放漫経営を表すなど、カネという指標は経営の良し悪しを可視化します。

ここで重要なのは、カネの動きから見える事実や課題を客観的にとらえ、それらを経営改善に向けた一手を練るための材料にすることです。

売上の増減を経年で管理していくと、なにが売上の上下に影響しているのかも把握できます。事業運営ではさまざまなコストがかかりますが、売上や利益と合わせてその使い方を見直していけば、計画性や戦略性のない無駄なコストの垂れ流しを防ぐことができます。

言い換えれば、赤字や赤字ギリギリの経営をしている放漫経営の法人は、売上やコストの管理が甘く、精度が高い事業の成長計画を立てられないということです。当期の売上の予算が明確になっていなければ、来期以降に向けた売上や投資の計画も描けていません。現状でどれくらいの資金があり、コストをかけた投資効果の検証もしていません。その実態が、赤字や赤字ギリギリといった結果として可視化されるのです。

また、法人である以上は適正な利益を出すことが重要です。社会福祉法人は公共性と公益性を追求する非営利法人であるため、経営者自身が、利益追求型の経営をしてよいのかという議論があります。

しかし、私は利益を追求したほうが良いと思いますし、追求するのが正しいとも考えています。理由は、利益がなければ事業が継続できないからです。施設の従業員がボランティアではないのと同様に、社会福祉法人もボランティア団体ではないのです。

介助の現場に必要な人材を確保し、従業員に満足して働いてもらうためには、彼らが納得するだけの給料を払う必要があります。赤字経営では従業員が不安に感じ、退職する可能性が高くなります。

さらに、従業員が快適に働ける環境をつくるためにも、利用者に適切な福祉サービスを提供するためにも資金が必要です。施設の建て替えのように大きな資金が必要な場合には、どんな施設を建てるか考えるだけでなく、5年先や10年先の資金計画も重要です。その計画の精度が高いほど経営が安定し、地域に向けたより大きな貢献もできます。

社会福祉法人のすべての活動にお金がかかると考えれば、売上やコストの管理は事業全般に関わる最も重要な戦略です。その戦略を立てるのは経営者であり、利益の追求と地域への還元を実現する戦略を立て、実行することこそが正しい経営のあり方です。

地域福祉の担い手として存続していくためには利益が必要です。赤字経営や公金頼みの経営が行政に負担をかけるという点においても、社会福祉法人は自立した経営を実現することが求められます。

ただし、社会福祉法人は公共性と公益性を追求する組織であり、その役目を果たすために非課税や補助金といった特別扱いを受けています。だからこそ、一般企業のように利益を最大の目的とするのではなく、あくまで地域を支えていくことを使命とし、そのために必要な利益を得るという節度をもつことが重要です。

利益がいくらなら適正なのか、適正の条件をどう定義するかは難しいのですが、その答えは地域が判断するはずです。地域には複数の施設があります。どの施設で働くかを決めるのは従業員であり、どの施設を使うかを決めるのは利用者です。

赤字に悩む施設には従業員も利用者も集まりません。快適に働き、快適に過ごせるイメージが湧かないからです。かといって、暴利を貪《むさぼ》っている施設にも人は集まりません。従業員の立場から見れば、自己犠牲を強いられたり労働力を搾取されたりする組織で働きたいとは思いません。利用者も同じで、利用者のメリットよりも組織の利益を優先する施設を利用したいとは思わないはずです。

私たちの施設が設立から半世紀以上にわたって存続できているのも、４５０人の従業員と５１８人の利用者がいるのも、私たちの施設や福祉サービスが選ばれた結果です。それは経営の視点から見れば、収益性、事業の成長スピード、利益の水準が適正であると判断されたということです。

社会福祉法人が利益を追求するのは、継続的な福祉サービスを提供するためです。また、その結果として得た利益は、給料や設備投資を通じて従業員に還元し、快適に過ごせる環境整備によって利用者に還元します。社会福祉法人は適正な利益を追求すると同時に、その利益を地域の人たちが納得できる方法で適切に使うための戦略も大事にすべきです。

変革するしか道はない

ここで挙げたヒト・モノ・カネに関する戦略は非常にシンプルです。しかしこれらはすべて異業種の優良企業ではどこもやっていることで、その結果として業績が上向き、企業として成長しています。

重要なのは、ヒト・モノ・カネと正しく向き合い、管理していく姿勢をもっているか、また、社会福祉法人であっても経営不振で潰れるかもしれないという危機感をもち、時代やニーズの変化に合わせた経営の見直し、微調整、変革をしていく舵取りができるかです。そのためには、変えることを嫌がらず、目の前の壁を乗り越えなければなりません。働き方を変えたら満足度が下がるのではないか、設備を入れ替えたら事故が起きるのではないか、利益追求型の社会福祉法人は世間から批判されるのではないかといったリスクを考えながら、一般企業と同じように着実な成長を実現していくことが大事です。

赤字経営に陥っている法人には、この発想が欠けていると感じます。私たちの施設には県内や近隣の県の社会福祉法人が見学に来ます。その際には、私が考える正しい経営のあり方や、ヒト・モノ・カネそれぞれについてどのような戦略を立てているか、それがどのように変革に結びついてきたかを伝え、それらをノートパソコンにまとめ、取り組みの成果である職場や施設も細かく見せています。

しかし、見学に来る社会福祉法人関係者の多くは自分たちには無理だとよく言います。例えば、私たちは毎年約3・5億円の利益を出し、累計で65億円規模の施設の建て替えをしてきました。そのような話をすると「それはこの法人だからできること」と言い、自分たちの施設を変革することを最初から諦めてしまいます。

それは間違った考えで、もったいないことです。私たちも、ほんの18年前までは10億円規模の社会福祉法人でした。そこから先の成長は、変革するという強い意志をもって、実行した結果です。社会福祉法人の経営の変革は、組織の規模の大小とはまったく関係がありません。重要なのは、やるかやらないかだけです。

赤字や赤字ギリギリの社会福祉法人は、そのままの状態では業界内で生き残ることはできません。利用者が同業他社に流れるか、従業員が集まらずに事業を運営できなくなります。この状態を変えるには、現状の経営を見直し、変革することが唯一の道です。やるかやらないかではなく、やるという選択のみです。

変革のために必要なこと

変革していくために大事なことは2点です。1つは、経営者自身が経営を勉強すること、もう一つは従業員にも変革に取り組む意識をもたせることです。

経営の勉強方法はさまざまですが私は主に書物を参考にしました。実在する企業の取り組みや事例を参考にして、正しい経営とはどういうものか、正しい経営に変えるためになにが足りないのかといった視点で、経営の軸となる考えを読み解き、それを社会福祉法人の経営に応用しました。大事なのは、机上の空論ではなく、実例を踏まえながら、「これが正しい経営」と胸を張って言える自分なりの概念を確立することです。

例えば、成長企業の取り組みを見ていく過程で、優良企業が売上の10%を利益の目安にしていると知りました。そこで、私たちの利益率も11～12%に設定することにしました。

企業を成功や発展に導く要因は、業界の特性、その時々の外部環境、法人の規模、経営者自身の能力などによって違います。であれば、実際に成功した事例をまねするほうが効率良く、成功につながる確率も高くなります。世の中には成功している企業や経営者が何人もいますので、まねしたり参考にしたりできる取り組みはいくつもあります。

成功の要因が多様である一方、失敗の要因は共通していることが多いといえます。例えば、倒産する企業からは人が離れていきます。その原因は、従業員を大事にしていない、彼らを満足させる制度がない、従業員のための投資をしていないといったことです。そのせいで倒産する企業が多いのであれば、従業員を大事にする経営方針にすれば自ずと経営は安定しやすくなるはずです。社会福祉法人の現状において赤字化や人手不足による経営破綻が最大の危機であるとすれば、潰れた企業と同じ轍《てつ》を踏まないこと、反対の考えをもつことが正しい経営を見極めることにつながります。

変革を進めていくためには経営者だけでなく従業員の考えも変えていく必要があります。企業は人の集合体であるため、経営者が一人だけで変革を主張しても、周りが共感して動かなければ変革は進みません。

しかしこれは非常に難易度が高くなります。他人の考え方を変えたり行動をコントロールしたりするのは難しいからです。

私たちの施設も、変革を掲げた当初はまったくといっていいほど共感が得られませんでした。「施設をこう変えよう」「こういう制度をつくろう」と呼びかけても、「どうぞ」「やってみてください」と他人ごとのような反応が返ってくるばかりで、協力者が現れず、途方にくれるばかりでした。それでも続けていくことでやがて一人、二人と協力者が現れ、次第に増えていきました。こうした協力者のおかげで今日の施設経営が成り立っていることは間違いありません。

社会福祉法人をはじめ成長しない組織には、前例主義、他人任せ、現状維持といった悪い考えがはびこっています。そういう状態の組織では、なにかを変えることは面倒くさいとして敬遠されます。だからこそ、ここは粘り強く取り組むしかありません。私たちの場合は、変革の第一歩として人事制度改革を掲げ、そこから10年かけて地道に従業員の意識を変えてきました。

変革に取り組んでいくと成果も現れ始めます。売上が伸び、毎年の利益が安定し始めます。従業員の給料が増え、介助などの現場に新しい設備を導入できるようになります。そのような変化も従業員の変革の意識を刺激します。変わることは良いことという認識と、理想的な職場ができる、やりがいを感じながら働けるといった期待が従業員を変え、組織を変えるのです。

第3章

「利用者ファースト」の考えを捨てる——

従業員の「働きやすさ（＝生産性）」を最重視した労働環境の整備

施設運営は人で成り立つ

労働集約型である社会福祉法人の施設運営は、ヒトがどう考え、どう動くかによって組織そのものが変わります。福祉サービスは従業員の健全な業務があってはじめて成立しますので、経営者としては彼ら従業員のＥＳを重視して組織づくりや事業変革を考える必要があります。

ＥＳの向上は、従業員の自己犠牲に甘える経営と対極にあるものです。福祉サービスは従業員が耐えることではなく、満足して生き生きと働くことによって成り立ちます。そのための施策を充実させることで、従業員の定着率と福祉サービスの質が向上し、社会福祉法人のサステナブルな経営に結びつきます。

正しい経営の実現のためには、それを念頭に置いて、利用者ファーストの考えを従業員ファーストの考えに切り替えることが重要です。私たちの施設では、従業員ファーストの考えに舵を切った結果、人事に関するあらゆる指標が改善しました。

福祉施設は人材不足が深刻な問題で、地域によっては働き手の奪い合いが起きていま

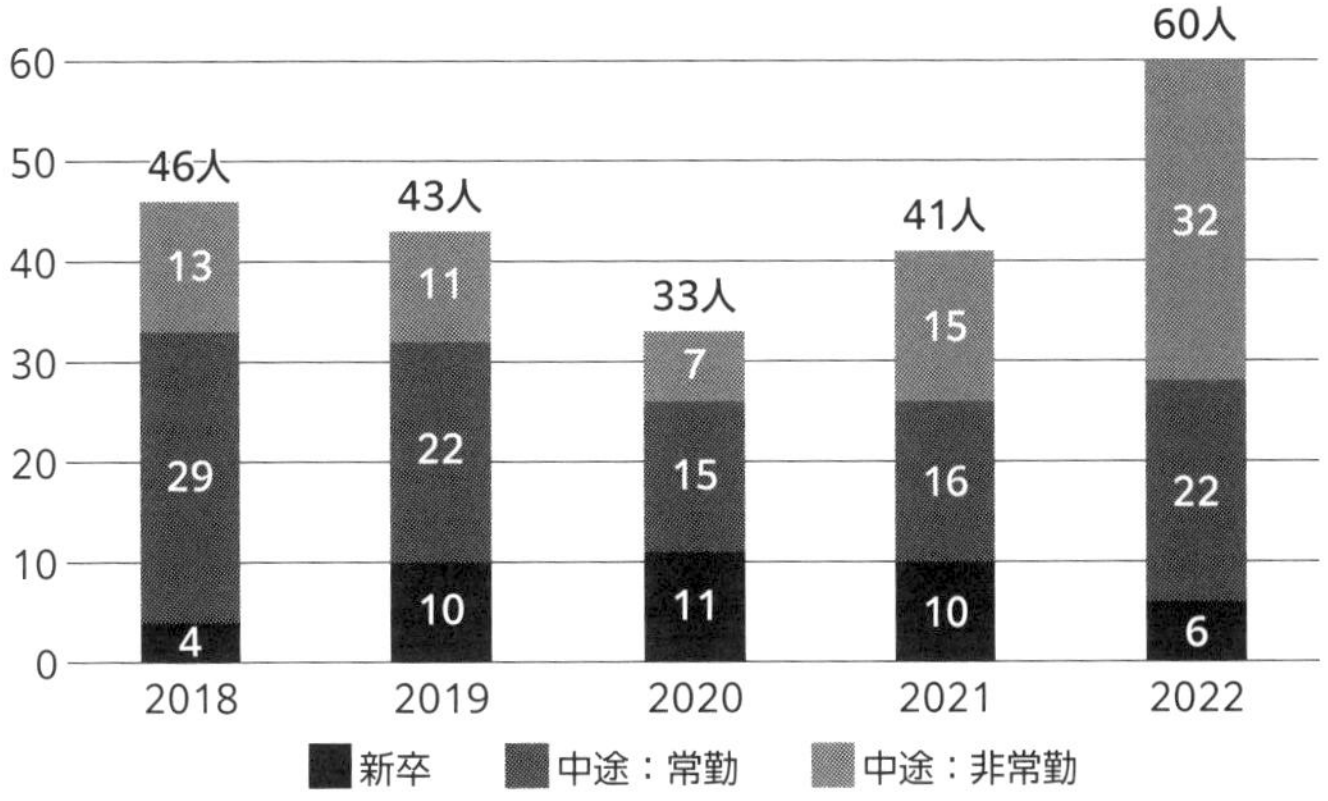

採用状況の5年間の推移

す。しかし、私たちのグループの従業員数は年々増加し、中途採用と、高卒と大卒の新卒を含めて毎年20人から30人前後を採用しています。パートなど非常勤の従業員を含めると、60人を採用する年もあります。

反対に離職については、社会福祉法人では離職率の業界平均が12～15％で推移していますが、私たちは3～6％で推移しています。

新しい従業員が増え、彼らの9割以上が長く働く状態に変わったことで、事業の規模と売上も着々と拡大しています。人数では、グループ内25施設と本部の累計で約４５０人にものぼる規模になり、これは圏内でも最大規模です。

また、私たちのグループでは多くのパート

従業員が勤務し、常勤の従業員も約7割を占めています。各施設で福祉サービスの質を向上できているのも、新たな施設を造ってより多くの利用者を獲得できているのも、それらの成長を支える人が増えているからです。パート従業員も正社員も変わりなく、重要な人材であり、貴重な戦力なのです。

また、人が増えることで従業員の負担も軽減されています。多くの高齢者施設では、介護保険法に基づく人員配置基準が3対1（常勤の従業員1人が入居者3人の介護をする）と定められ、業界平均としても3対1で業務にあたっている施設が多くあります。

しかし、私たちの施設は従業員をより多く配置する加配の体制で、従業員一人あたりが世話をする利用者数を少なくすることによって、負担を軽くしています。そうすることで、利用者一人に対する介護やコミュニケーションが手厚くなり、福祉サービスの質も高めています。また、障がい者施設の人員配置基準は1・7対1として、さらに負担が軽い環境としています。私たちの施設を見学に来る関係者などからは、「こんなに従業員が多い施設は見たことがない」とよく言われます。

人を大事にする方針を周知

従業員ファーストで生産性の高い組織に変革していくためには、働き方に関する複数の施策を実行していく必要があります。具体的には、勤怠管理の改善、給料水準の見直し、採用の仕組みの見直し、教育の仕組みの構築などです。

これらを遂行していくことで、残業や夜勤が減り、給料の満足度と納得度が高まります。私たちの施設はまさにその一例で、新たな従業員が継続的に入ってくるようになり、定着率も高くなったのが今日の経営に至った大きな流れだと信じています。

ただ、実現までの道のりは決して平坦ではありませんでした。十数年前を振り返れば、私たちの施設も決して大規模ではなく、ほかの施設と同様に人材確保や福祉サービスの質に悩んでいる時期があったのです。

その状態から抜け出せた最大の要因が、経営方針として利用者ファーストから従業員ファーストに切り替えたことです。かつては「利用者が第一」の考えが強く、慣習的に従業員に甘えて過度の残業や夜勤を求めていました。結果、従業員の満足度が下がり、福祉サービスの質が下がり、離職率が高くなるといった状態に陥っていました。

　また、制度や仕組みでいえば、勤怠管理が曖昧で休暇を取りにくい状況になっていました。従業員の働き方についても、一つひとつの業務内容や昇給基準などが不透明でした。

　そのような実態を踏まえて、ＥＳ重視の環境づくりを目指して働き方や働き方のルールを総括する人事管理制度を構築することにしました。正しい経営の実現という点で、この判断が大きなターニングポイントになったのです。その結果、現在ではさらに進化したシステムが構築され、従業員のために活用されています。

　私たちの法人のミッションとして「人を創る　社会を創る」を掲げ、ウェブサイトで宣言しています。福祉サービスを支えるのは人です。新たな価値を生み出すのも人です。それを原理原則として既存の制度をつくり直し、制度化されていない部分については細かなルールを設定したことが、人が集まり、定着する組織づくりにつながったのです。

　従業員ファーストに向けた変革では、まず業務内容や勤怠管理の定義づけが重要です。勤怠管理は、最近は便利なツールを使って自動化できます。私たちも、働き方を変えようと考えたときから、ツールを使った勤怠管理を行うアイデアがありました。ただ、その前段として、従業員に共通した勤怠のルールをつくる必要がありました。

例えば、始業時間は何時か、何分から遅刻か、何時以降の勤務が残業になるかといったことです。当時は目的や理由が曖昧な残業が発生していたり、社内の雰囲気や慣習を気にして有給休暇や育児休業が取りにくかったり、というような働き方が当たり前になっていたのです。

定義づけをしていく過程では、現状の働き方を把握する必要もあります。私たちの場合は、勤怠管理に詳しい社会保険労務士や外部コンサルタントに依頼して、労働基準法などの観点から現状の働き方の課題を洗い出しました。過去1年半の勤務状況などを資料から振り返り、残業状況、有給休暇取得率、夜勤などに関する問題点を見つけ、その改善策を考えていきました。

その結果、残業が慢性化している部門の存在や、「中抜け」勤務に対する従業員の不満、さらにメリハリのない働き方と無駄な残業で労働時間が長くなっていることなども分かりました。

これらはすべて経営者の怠慢によるものです。不規則な勤務シフトでも、長時間勤務でもやってくれるといった従業員の自己犠牲に甘えていたため、勤怠管理ができていなかったのです。

この状態のままでは働き方改革はできません。自己犠牲に頼る業務は長続きしませんし、それは事業とも呼べません。事業として成立させるためには、働く人たちが納得し、広く受け入れられる仕組みに変える必要があります。そう考えて、中抜けなど慣習化していた働き方はすべてやめることにしました。ダラダラ残業が常態化していた部門は業務内容を見直して、一般企業と比べて見劣りのしない働き方に是正しました。

業務の内容やルールは細かく設定し、最終的に50ページに及ぶガイドブックとしてまとめました。それを各施設で共有し、施設長から管理職、そして現場の従業員に浸透させました。自分たちがどういう内容の業務を任されているのか、どういうルールに基づいて働いているかを理解してもらうことにしたのです。

マニュアルによってサービスと人事評価の基準を保つ

ガイドブックは業務の手順や働き方に関する決め事を記したマニュアルです。マニュアルはドライな印象があるため、ホスピタリティー事業の場合は否定的な声も聞かれます。しかし、曖昧な働き方を変えるためには、その対極にあるマニュアル化が有効です。もちろん個々のホスピタリティーに基づく自主性も大事ですし、マニュアル化はそれを制限してしまう可能性もありますが、それ以前に正しい働き方を明らかにしなければなりません。誰が、いつ、なにを、どうするといった視点で業務を可視化することが変革のきっかけになるのです。

その結果まず業務内容と、どのような業務が評価されるのかが明確になります。全員が自分の役割を理解しやすくなり、組織がどのような業務を求めているかも周知できます。

また、マニュアルによって福祉サービスの質を均一化することもできます。福祉サービスは、利用者とどのようにコミュニケーションするかが重要で、話し方、接し方、声がけといった細かな点を含めて、どうしてもサービスが属人化します。利用者側に特定の従業員に介護してほしいという要望が生まれると、その人がいないときや、いなくなったときにサービスの質と評価が下がります。

その点、マニュアル化は業務のあり方を示すため、福祉サービスの質を一定以上の水準に保つことができます。その水準に満たない場合も、マニュアルを参照することで改善できます。

マニュアルによる均一化という点では、マネジメント層の評価を一定にできることも重要です。マニュアルがない状態では、マネジメント層の評価に個人差が出やすくなります。

一方、マニュアルを踏まえて評価基準を明確にすれば、そういったものはなくなり、従業員は自分に対する評価を一定の基準に照らして振り返ることができます。その結果、評価のブレによる不平等感もなくなり、安心感や信頼感を高めることにもつながります。

私たちのように複数の施設があるグループ法人の場合は、業務に対する評価が施設ごとに異なることもあります。これも施設長をトップとするマネジメント層の評価基準が異なることが原因です。

重要なのは、グループ全体としての評価基準が定まっているか、そして、それが全体で共有されているかどうかです。施設全体で共有するマニュアルによって課題を見える化し、それらを一つずつ改善していくことでグループ経営が高度化していくのです。

未来志向で制度をつくる

業務の内容とルールが明確になれば、次に人事評価制度の構築に取り掛かることができます。従業員一人ひとりが自立的に成長し、福祉の専門家として能力を発揮する組織にしていくためには、優秀な人を適正に評価し、昇進させていく制度が必要です。また、組織や社会への貢献度合いに給与を連動させ、成長のための取り組みが不十分な場合には、懲罰なども含めて業務を改善していく必要があります。そのための基準を詳細かつ明確に示すものとしても人事評価制度は機能します。

人事評価制度ができることで、経営者やマネジメント層は従業員を評価しやすくなります。また、組織としてこういう行動を高く評価します、こういう人材を昇進させますといった方針を示すことで、従業員をその方向に導くことができます。

その際の課題は、どんな行動をどれくらい評価するかを決めることです。これは社会福祉法人として目指す姿を踏まえて考える必要があります。例えば、自己の成長を目指して資格を取得するという行動に対して、継続的な成長を目指す組織と、現状維持で十分と考えている組織とでは評価が異なるはずだからです。言い換えると、未来に向けた自分たちの成長を明確に描けない組織には、良い人事評価制度がつくれないということです。

私たちの組織も、人事評価制度をつくろうと決めた当時は、自分たちの未来や先行きを考える意識が低い状態でした。役職を問わず、多くの従業員が前例主義や現状維持の考え方にとらわれ、組織として成長を目指すことや、そのために人事評価制度をつくることに必要性を感じていませんでした。

そこで私は、社会福祉法人のあり方について未来志向で考えている、または考えることができる一部の従業員を選び出し、彼らの前向きな意見を聞きながら、人事評価制度改革をプロジェクトとして推進していこうと考えたのです。

とはいえ「慣習的な働き方から脱却しよう」「そのためのアイデアを出してください」と従業員全員に呼びかけても、必要性を感じていない人は反応しません。まずは変革の意識がある人と自分たちが目指す姿を描き、そのうえで、彼らを変革のリーダー層としながら従業員全員に浸透させていこうと考えました。

そのために、「社会福祉法人の未来を考える」「福知山学園の未来を考える」というテーマで、当時200人ほどだった従業員全員から意見を集めました。テーマに沿っていれば、なにを書くかは自由です。選考基準で重視したのは、意見や主張が論理的かどうかです。

変革を起こすためには「こうなりたい」「こうしたい」といった熱意も大事ですが、思いだけでは現実は変えられません。変革に向けた道筋を論理的に描くことは大事です。なにをどう変えるのか、変えるためにはなにが必要か、現状はなにが足りていないかといったことを、事実を踏まえて客観的に論じることは重要で、その要素がありそうな人をプロ

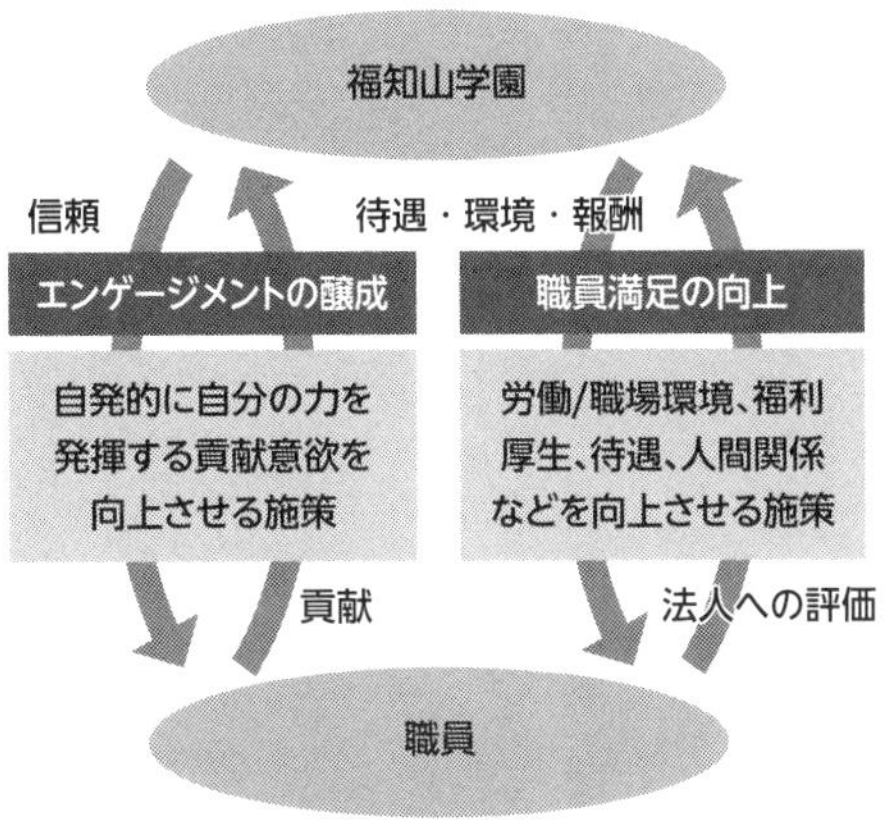

福知山学園の人材定着率の強化の方針

ジェクトメンバーとして、人事制度をつくっていくことにしました。

それらの意見をもとに設置されたのが法人支援対策室です。それがさらに進化して、現在の法人サポートセンターとなって従業員の人事管理を担っています。

従業員から集まった意見のなかには新しい発見もありました。例えば、普段は淡々と業務にあたっている人が、実は社会福祉法人の未来に強い期待をしていることが分かりました。有効な意見をもっている人もいれば、経営も未来も誰かがつくってくれるものと思っている受け身の人も一定数いることが分かりました。

また、意見を読んで改めて、従業員が自分の意見を言う機会が少ないと感じていたことにも気づきました。実際、当時は従業員から経営に関する意見を聞く機会はほとんどなく、コミュニケーションも足りていませんでした。

　その気づきを踏まえて、人事評価制度をつくる過程では、評価とその内容を本人と上長で一緒に振り返るための面談を定例化することにしました。各施設で管理職と従業員が年2回面談し、その際に、従業員から意見を聞いて、施設内に残る悪しき習慣や改善したほうがよい点などを抽出していくことにしました。

　一方で、私自身もコミュニケーションの重要性を再認識し、現場での声がけを心がけるようにしました。重要なのは、積極的に話す機会をつくることです。コミュニケーションが当たり前にある環境にすることで、経営と現場の距離は近くなり、経営者には見えていない課題が見つけやすくなります。

　こうした社風づくりは経営者の役目です。経営者は、事務所で戦略を練ることも大事ですが、良い職場にしていくためには実態を把握する必要があり、そのためには現場の意見を聞く機会が不可欠です。

残業を減らす仕組み

従業員ファーストを実現する人事評価制度改革では、働き方の実態そのものについても改善していくことが重要です。特に福祉サービスは従業員の自己犠牲を求める傾向があります。働きやすい環境づくりは従業員ファーストの組織に生まれ変わるための本丸といえます。

重要なのは、ブラックになりがちな職場環境を徹底的にホワイトにすることです。「中抜け」のような働きづらい仕組みや、従業員の滅私奉公による残業なども、グレーな要素はすべてホワイトにしていかなければなりません。これは労働関連法令の遵守という法律的な面でも必要であり、働き手を集め、定着させるためにも欠かせません。

社会福祉法人の労働環境で共通の問題となるのは、残業と夜勤と休暇の取得です。そのためには、まず施設長や管理職などマネジメント層の残業を減らすことが重要です。

入所施設の場合、現場の従業員は8時間の交代制で働いていることが多く、訪問の場合も営業時間が決まっています。時間で制限されているため、十分な人手が確保されていればそれほど残業は発生しません。一方、マネジメント職は時間の制限なく仕事ができ、そのせいで残業が多くなります。

今のマネジメント層は年齢的に「たくさん残業することが仕事を頑張ること」という認識をもっている人が多い傾向にあります。昨今の働き方改革のように効率を追求することよりも、長く働くこと、量をこなすことを重視するということです。これはかつては美徳とされましたが、今となっては時代遅れです。その点でも、まずはマネジメント層が効率に目を向け、残業せずに働く姿を良い手本として示すことが重要です。

残業時間の軽減に向けた仕組みづくりとして、残業を申告制にすることで無駄なダラダラ残業を減らすことができます。もちろんこれはルールをつくるだけでなく徹底して運用することが大事です。

また、残業時間の推移をモニタリングすることも重要です。これはツールを使って管理するのが有効です。「残業を減らそう」と言葉で伝えても、その効果が目に見えなければ具体的な改善にはつながりません。重要なのは残業時間という数字を追いかけながら、残業の実態を可視化することです。

ツールなどによって残業時間を可視化する仕組みを構築することで、残業が多い人や部門が分かります。特定の人や部門の残業が多いのであれば、業務の振り分けに問題がある可能性があります。その人やその部門に業務が集中していることも考えられます。残業の量には部門ごとの濃淡もありますので、どうしても就業時間内に終わらないのであれば、「残業を減らそう」と呼びかけ続けるよりも現状を踏まえて就業規則や業務内容を見直すほうが先決です。残業が増えやすい部門であれば、人を増やしたり業務の振り分け方を変えたりするなどの工夫ができます。

あるいは、業務量とは関係なく、慣習的にダラダラ残業をしていることもあります。この場合は、法人全体の方針として残業時間の削減に取り組んでいることを伝えたり、残業時間の制限を設けたりするといった工夫ができます。

私たちの施設も、以前はマネジメント層を中心に毎日2～3時間の残業が常態化していて、夜中まで仕事をしている人もいました。しかし、今は退社時間から1時間以内に帰る人がほとんどです。グループ全体の年間の平均残業時間も8・5時間（2022年度）に収まっています。

「仕事をもっと頑張りたい」「仕事の質を突き詰めたい」といった熱意が理由で残業するならば、それは尊いことです。ただ、そのような働き方を容認してしまうと実態は変わりませ

●年間1人職員平均残業時間	
2020年度	8.0 時間
2021年度	9.4 時間
2022年度	8.5 時間

●2022年度 1人職員月平均夜勤回数	
障害者入所施設 A [定員40人]	3.9回
障害者入所施設 B [定員80人]	3.4回
障害者入所施設 C [定員80人]	3.5回
障害者入所施設 D [定員70人]	3.8回
重度対応型グループホーム[定員14人]	4.4回
介護老人福祉施設 [定員39人]	3.5回

福知山学園の残業・夜勤のKPI

ん。残業のルール、ルールの説明と徹底、数字をＫＰＩ（重要業績評価指標）とするモニタリングによってグレーな理由の残業をなくしていくことが大事です。

ＫＰＩで夜勤回数を管理

夜勤に関しても同様に、実態を踏まえた改善と数値化による把握が重要です。私たちの施設では、一人あたりの夜勤回数を月平均３・３〜４・４回に設定して、これをＫＰＩとして過剰な夜勤が発生しないように管理しています。同業他社の施設では一人あたりの夜勤の月平均が６〜７回であり、施設によっては夜勤が連続することもあるのが実態だと考えると、私たちの施設は人事評価制度改革によって従業員の負担を大きく軽減できたといえます。

夜勤は体力的にも精神的にも従業員の負担になります。

労働集約型である社会福祉法人は心身ともに健康に働く人をどれだけ確保できるかが重要ですので、夜勤の回数は注視する必要があります。そのための施策として、夜勤に対する給与体系を従業員の納得がいく仕組みにすることも重要です。

収入の面から見ると、夜勤手当があるほうが良いと考える従業員もいます。残業の場合はほとんど喜ばれませんが、夜勤は家計の収入アップのためにやりたいという人がいます。その場合は施設長の配慮で調整するのがよいと思います。このような要望はコミュニケーションを取らなければ見えてきません。日々の会話や施設長との面談では、それぞれが希望する働き方を聞き、把握することが大事です。

人を増やす施策が重要

有給休暇は取得率をＫＰＩとして向上させていくのがいいと思います。私たちの施設では、有休消化率80％以上をＫＰＩとしています。実際、２０２２年度の有休消化率は88・９％となりました。

有給休暇を取りやすい環境にするためには人員が必要です。これは残業時間と夜勤回数の削減も同じです。そのため、この3つについては人員配置基準を踏まえて、人を増やすための採用や教育の制度と合わせて考えていくことが大事です。

従業員ファーストを実現するための人員配置基準は、基本的には加配、つまり3対1が平均なら、2対1を目指す人事戦略が重要です。どの業界も人手不足に苦しんでいますがその課題をどうにかするのが経営の役目です。

人口が減少しつつある2024年現在、採用を増やすのであれば環境や待遇を良くする、応募者が集まらないのであれば機械化や自動化への投資で補うといった施策をもたなければ、いつまで経っても人手不足の状況は変わりません。

逆に、人が集まるようになれば利用者の見守りがしやすくなりますし、残業も夜勤も減ります。さらにより多くの利用者を受け入れることで売上も増やすことができます。そのようなプラス方向のスパイラルを生み出すためにも、人材戦略は加配を目指すのが正しいというのが私の考えです。

また従業員の定着率を高めるためには、適正な給与体系をつくることが重要です。福祉サービスに従事する人の報酬は一般企業と比べて安いケースが多く、その原因と責任は従業員が所属する法人にあります。

報酬の原資は、利用者が払う利用料の一部と、残りを払う国や行政からの補助です。利用者数ならびにサービスの増加と職員配置数の適正化によって、その分だけ給料を増やすことができます。つまり社会福祉法人の経営者は、職員配置数を手厚くし、利用者を増やす戦略や施策を考え、実行することが重要だということです。その成果によって適正な水準まで給料を上げることができます。しかし、所属する社会福祉法人が赤字であったり赤字ギリギリであったりする場合は給料が安くなります。黒字法人であっても、事業そのものが成長していなければ、従業員に払う給料は増えません。

また、社会福祉法人は利益の一部を利益剰余金として内部留保します。これは売上や手持ちの資金が減少したときの備えや、新たな設備などを導入するための投資に使うものです。

中長期で成長していくためには利益を内部留保することも重要ですが、その割合が多いほど従業員に分配する給料は安くなります。そうなることを防ぐために私たちの施設では65％を超える人件費率を担保し、従業員の安定した生活を守っています。

正しい経営の実現という点で経営者には内部留保を活用する投資によって事業を継続的に成長させていくことが常に求められます。しかし同時に、目の前の業務に対応している従業員を定着させ、安心して働ける環境をつくるために、利益分配のバランスを適正化することも求められます。

給料が法人の価値を高める

給料水準は、都市部と地方によって差があります。従業員ファーストの観点でいえば、同業他社の施設より高く設定するのが良いと思っています。施設運営は一定数以上の従業員を集めなければなりません。したがって、応募者を増やすためにも定着率を高めるためにも、働き手にとって納得度が高い給料を支払うのが正しい経営です。そのための原資である売上を増やし、人件費を増やすサイクルをつくることが重要です。

給料は、一度上げたら下げにくいため、固定費である人件費を増やすのは経営リスクです。しかし、良い福祉サービスを提供していくためには、優秀な従業員が不可欠です。そして人手を確保するには働き手が惹かれるように給料水準を高くすることが重要です。

私たちの施設で人件費の割合を65％に設定しているのは業界の平均と比べると高いほうですが、戦略的に人を増やし、定着させていくためには妥当な水準だと私は考えています。

他施設には60%前後としているところもありますが、私の肌感覚として、その程度では人手不足は解消できないと思うのです。

具体的な金額は未経験者や高校卒業後に新卒として入った従業員の場合、2年目の年収で約380万円になります。これは近隣の施設やその他サービス業との比較では高い部類で、人材獲得と定着率の上昇につながっています。

給料に関しては、平均金額を高くするとともに、人事評価制度に基づく職級や昇進と妥当性をもって連動していること、そして、根拠となる評価基準などが明確になっていることも重要です。

私たちの施設では、採用者を新卒と中途採用に分け、未経験の新卒はスタートラインである等級とし、中途採用の場合は、それぞれがもつ能力と私たちの評価基準を照らし合わせて等級を決めています。

さらに、給料水準の設定は競合する他施設に対する優位性につながります。社会福祉法人の雇用対象者は、ほかの施設で働く人だけでなく、福祉とは別のホスピタリティー産業で働いている人たちも含みます。給料の水準を高くすることは、業界外から人を確保するためにも有利になります。

社会福祉士やケアマネジャーら介護施設で働く人の全国平均が年収４００万円くらいであるとすれば、その平均を超えていなければ人材獲得の競争では負けてしまいます。私たちの施設では常勤の正規職員の場合、平均年収で４７０万円です。従業員の確保と定着率の向上は人事戦略の重要な点ですので、従業員にとって納得度が高く、魅力に感じる分配を考えることが必要です。

採用は幅広くアプローチ

採用は、高校や大学の新卒と、ほかの施設などで福祉サービスに関わったことがある中途採用の両方を対象として、幅広く募集することが大事です。これだ、という必殺技で大量採用ができるはずはなく、細かな施策をいくつも展開しながら、社会福祉法人で働きたいと思う人を増やしていくことが重要です。

採用のための求人媒体をいろいろと使ってみることも一つの方法です。仕事を探している人がどの媒体を見ているかは地域によっても、また新卒と中途でも異なります。まずはさまざまな媒体を活用し、その成果を踏まえてより効果的な媒体に絞り込みます。

私たちの施設では、新卒、第二新卒、UターンとIターン、中途問わず採用に注力しています。労働集約型の最たる社会福祉法人は、利用者の安全と、社員たちの働き方を支えるべく、そして業務をスムーズに行うためにも採用活動は必要不可欠です。未経験の人の発想とアイデアも現場を盛り立ててくれます。一定の経験をもち、即戦力として期待できる中途採用もまた同じように経験に裏打ちされたアイデアをもらえます。その意味において、地方都市における社会福祉法人は地域に人がとどまり、地域活性化につながる大きな一助になっている自負があります。

これは法人として重要な評価です。きちんと経営している法人である、新卒を採用しながら事業を伸ばしているといったことが伝わることで、経験者も安心して中途採用に応募でき、より多く、より優秀な人を採用できる可能性が高まります。

また採用の幅を広げる施策としては、リファラル採用も有効な手段です。これは従業員の紹介で友人や知人などを採用する仕組みです。私たちの施設でもリファラル採用の人数が増え、夫婦や親子で勤めている人もいます。

最大のメリットは信頼できる人を採用できることです。通常の採用プロセスでは、職場になじまない人や、期待した能力をもたない人を採用してしまうリスクがあります。その点、リファラル採用は従業員の紹介なので、人となりについてよく知ることができます。職場の雰囲気をよく知っている従業員が紹介するため、ミスマッチが起きる可能性が低く、応募者もあらかじめ、どんな職場でどんな業務内容かを聞いておける点でも安心ができます。求人媒体などを利用する採用コストがかからないこともメリットの一つです。

法人や施設に対する評価としては、そもそもリファラル採用が発生することが重要なポイントといえます。従業員も、自分の職場に満足していなければ友人や家族を紹介しようとは思いません。つまり、リファラル採用が発生する組織はＥＳが高いことの証明だともいえます。私たちの法人では、リファラル採用を推進していますし、それに対応できるだけの資産の準備も十分にできています。

職場に良い影響を与える人を採用

新たな人が加わると、良くも悪くも既存の従業員に影響が出ます。良い人が加われば、職場の雰囲気が良くなり、業務に向き合うモチベーションも高まります。しかし、その反対に職場の士気を下げる人が入ってしまうこともあります。人手不足に焦ると誰でもよいから採用したい気持ちになりますが、採用基準と従業員に任せる業務内容を明確にしたうえで、人を選抜することが重要です。

採用基準は施設によってさまざまで、人柄やスキルなどを見る施設が多いといえます。私たちの場合はシンプルで、業務に対する責任感をもっているかどうかを問います。

私たちは障がい者や高齢者の生活を支えています。介助の方法を一歩間違えると事故が起き、命に関わることもあります。業務の重要性を理解していること、また、責任をもって業務にあたる覚悟があることを重視しています。

そのような覚悟がない人、さらに礼儀や節度に欠ける人は面接段階で断ることにしています。それは能力や素質の問題ではなく、利用者と接する際には常に相手に対する敬意、礼節、思いやりが必要だからです。ですからたとえパートであっても、知識や経験よりも礼儀や利用者を支えていく責任感と覚悟を求めます。

業務内容を明確に伝えることも、採用後のトラブルを防ぐことにつながります。施設の現場では、利用者の介助のほかに、施設の掃除やその他の雑用もあります。それが明確に伝わっていないと、「それは私の仕事ではない」といった不満が生まれます。

特に未経験者の場合は福祉サービスの仕事について細かく知らない人がほとんどです。

誰かの役に立ちたい、誰かを支えたいといった気持ちをもって応募してくれるのはうれしいことですが、その思いを裏切らないためにも、現場にはどんな業務があり、施設としてどんな活躍を期待しているかをあらかじめ伝えることが重要です。

現場を見せて理解度を高める

採用候補者には日々の業務や組織の雰囲気などについてよく知ってもらうことが大事です。業務内容が理解されていれば、入社後に「こんな仕事だと思わなかった」といったミスマッチが防げます。納得感をもって業務にあたってもらえば、不満は出にくくなります。

最も効果的なのは、実際の現場を見てもらうことです。私たちの施設ではエントリーを受け付けたあとの流れとして、人事部との面談があり、その後、障がい者施設や高齢者などの複数施設で、それぞれの業務を説明します。

各施設では施設長などのマネジメント層の説明だけでなく、実際に現場で働いている従業員とディスカッションする機会も設けています。これは応募者が職場の雰囲気を知る重要な機会です。業務は大変か、残業はあるか、どんな楽しみがあるか、休みは取りやすいかといったことも直接聞け、人事部の説明だけでは分からない情報が把握できます。

一方、現場の既存の従業員も新しく入る人について知ることができます。現場の業務はチームプレーで、積極性と協調性がある人を求めます。円滑に業務を進めていくためにお互いを知り、理解する機会をつくることが有効です。現場で業務の説明を受けたら、各施設長が最終面談をし、現場の従業員の声などを踏まえて合否を決定します。

複数の施設がある場合は、採用者が働く施設の責任者が最終判断を下すようにすることが重要です。経営者、本部、人事部などが施設の採用の合否を決めると、何か問題があった場合に、責任をそちらに押しつけがちです。

しかし、施設長が現場の従業員などの意見を踏まえて採用を決断すれば、自分たちが選んだという責任感が生まれます。そして自分たちが責任をもって育てよう、一緒により良いチームをつくろうという気持ちになりやすくなるのです。

新人も先輩従業員もスキルアップできる環境

採用した従業員に対しては、早く業務を覚えてもらい、戦力となってもらうための育成や教育の仕組みが重要です。以前のように先輩の仕事を見て覚えるのではなく効率を考えて仕組み化するためのツールとして、業務の手順書を整えておくことが重要です。また、人事評価制度と連動させて、どこまでできたら等級が上がるか、次の等級に上がるにはどんなスキルが求められるかといったことも明確にしておく必要があります。

一方で、福祉サービスは基本的に日常業務に就きながらのＯＪＴで覚えることが多いため、先輩から学ぶ体制も引き続き重要です。ただし、先輩従業員に任せきりにすると教え方の差が出るため、教える側に向けた制度やマニュアルを作成することも効果的です。

例えば、私たちの施設では先輩が新人の教育係となるチューター制度を実施しています。先輩がそれぞれ担当をもち、現場業務をＯＪＴで教える仕組みです。

チューターと新人は、介護の専門家として独り立ちするために必要な業務を記したリストを共有しています。例えば、利用者様に朝食を提供する、献立を説明しながら食事を介助するといった細かな業務をすべて列挙し、日々の業務では、そのリストを踏まえながらできること、任せられることを一つずつ増やしていきます。

これは新人の学ぶスピードを速める効果があると同時に、教育係となる先輩従業員にとっても成長の機会になります。チューターは、日々の業務を滞りなくできるだけでなく、それを言語化して人に教えるスキルが求められます。これはチームのリーダーやマネジメント職を担う人に求められるスキルで、チューター業務を通じてマネジャー候補としてのキャリアをつくっていくことができます。

さらに新人に限らず、従業員に対して、社会・介護福祉士やケアマネジャーといった資格取得による従業員のスキルアップを法人が支援することも有効な方法です。資格取得などのために勉強するのは従業員個人です。ただし、勉強したい従業員を支えたり、従業員の勉強意欲を推進したりすることは経営者の役目です。

資格取得や、そのための勉強を通じて従業員の知識が増えれば、福祉サービスの質が向上します。施設は、従業員を支援する見返りとしてより多くの利用者が獲得でき、売上が増えることで赤字化のリスクも減り、事業が成長しやすくなります。

近年、社会においては人的資本経営が重視されるようになりました。これは、従業員を経営の資本ととらえ、彼らがもつ知識、技術、スキル、ノウハウなど無形資産を伸ばすことによって、企業の利益を最大化していくことを意味します。

従来、社会福祉法人事業モデルや経営戦略を実行していくために、雇用者である法人側が従業員たちの労働力を活用して利益を獲得してきました。福祉サービスの業務は、資格、経験、専門性がなくても行えるものが多いですが、その業務の多くは、パート従業員によって支えられています。しかし経営に問題のある法人はその労働力に報いることなく、逆に過酷な労働環境を強いて目の前の福祉ニーズに対応し、悪くいえば場当たり的な経営に終始してきました。その結果、コロナ禍のような外部環境の変化によって収益性が低下したり赤字化したりするのです。

人的資本経営は、人材戦略として人を育てるための施策を練り、人を設備や建物といった有形資産のように育てながら活用していくことで、サステナブルな経営に結びつけることを目指します。自分の能力の向上や、資格取得などによって能力を証明できる環境があれば、従業員は自分の社会的な価値を把握できますし、能力に応じて給料も高くなります。福祉サービスの質が高まり、日々の業務のなかで利用者や家族から感謝されることで、より高い水準を目指すモチベーションも高まりやすくなります。

個人の成長が組織の成長につながる

福祉サービスの日々の業務は一見大きな変化はなく、食事、入浴、排泄の介助の繰り返しになりがちです。単調な毎日のなかに自分のキャリアパスを見いだせず、そのせいで辞めてしまう人もいます。だからこそ経営者としては、施設建設などの新規事業によってモチベーションを共有することとリスク管理を徹底することが重要になってきます。資格取得などの具体的な目標が見えれば、社会福祉士として利用者の相談に一歩踏み込む、介護福祉士として現場の従業員の指導を行うといった未来がイメージしやすくなります。それによってモチベーションを高めながら勉強や業務と向き合う毎日に変わります。

また施設運営には、主たる業務である介助のほかにも多くの業務があります。例えば、社会福祉法人の取り組みを地域に伝える広報業務、働き方の改善を目的とするワーク・ライフ・バランスの仕組みを考える業務、施設や設備、備品の管理と調達を行う業務などは円滑な施設運営に欠かせない役割です。

これらの役割を担ってもらうことで、介助以外の分野で楽しさややりがいを感じられると思います。さらに私たちの組織では、今後のあり方として利用者の生活や従業員の働き方の向上を基本的に考えていく、未来志向の会議を行っていくつもりです。通常業務と並行して、本部と施設の従業員によって進歩的な会議にしていきたいと考えています。

資格取得などの目標や各種委員会での任務をもって業務にあたる人が増えることが組織

全体の成長につながります。また、社会福祉士や介護福祉士の資格をもつ人が組織内に増えることで、福祉サービスの質が向上し、法人全体としての価値も高まります。

従業員がそれぞれの目標をもち、積極的に働ける組織になることが重要であり、自立した個人が増えることで互いに切磋琢磨しながら成長できるようになります。そこで生まれる学びや連携が社会福祉法人として公金などに頼らない自立した組織に結びつきます。

これこそが人によるサービスで成り立つ、真の意味での社会福祉法人のつくり方です。それぞれが強みをもち、専門性を磨き、その能力を持ち寄って、チームとして福祉サービスにあたれる組織になっていくことが大事なのです。

従業員それぞれの特性や希望を把握するには、チューター制度のような育成制度のリストが役に立ちます。半年に1回くらいのペースでマネジメント側とともにチェックリストを確認することで、従業員は自分の成長と業務に対する希望を自覚できます。またマネジメント側も、業務に関するアドバイスやスキルアップの方法などを提案できます。その結果自分にふさわしいキャリアが見えれば、それも従業員のES向上につながります。

一方で従業員のなかには、マネジメントや経営について学びたいと考えている人もいます。そういった従業員に対して、教育係やマネジメント側としてのキャリアの可能性を提示することも経営者の重要な役目です。

法人としても、サステナブルな経営を実現していくためには次世代のマネジメント層を育てていく必要があります。介助とマネジメントでは必要とされるスキルは異なりますので、マネジャー志向の従業員に対しては、そのための教育機会や実務を通じてマネジメントを経験させることが成長とキャリア形成につながっていきます。

私たちの事業でも、採用強化のためのPR、新規事業の立ち上げ、さらに施設の建て替えなどに関する全社横断型のプロジェクトが進行しています。

次世代のマネジメント層育成では、このようなプロジェクトをつくり、従業員が関われる機会を増やしていくことが大事です。投資や新規事業の立案に関わることで、その仕事が楽しく感じたり、経営に興味をもったりする従業員も多いのです。

研修は現場が主体

従業員の育成では研修の活用も有効です。近年は安価で手軽に学べるウェブ研修などが増え、私たちの施設でも推奨したことがありました。

ウェブ研修は、新人が基礎的な知識を身につけるためには役立ちます。介助の分野以外では、例えば、経営やマネジメントに関する基礎知識を身につける場合にも良い方法です。ただ、確かに知識の吸収と理論武装も大事ではあるのですが、一方で実務に反映しにくい勉強をしても福祉サービスの質は高まりません。福祉サービスは利用者と実際に接することから学ぶことが多いため、知識習得型の研修に終始するのではなく、現場実習との両輪で行うことによってより大きな効果が得られるのだと思います。そのような実感を踏まえて、私たちの施設では役員を含む従業員全員を対象とした現場研修を行っています。これは福祉サービスの基本に立ち返り、福祉に携わる専門家として、プロフェッショナルとしての姿勢や意識を学び直すことを目的としています。

介助の業務は毎日のことですので、続けていくうちに惰性的になります。楽なほうに転がり、それを後輩や新人が見ることで福祉サービス全体の質が低下していきます。

そうなることを避けるためには、一度基本に立ち返り、自分たちにどんな業務が求められ、どのように業務を遂行していくと良いのかを再確認する必要があります。そのために、全従業員を対象に最初の一歩に戻る現場研修を実施しています。

法人グループ内のほかの施設の従業員と一緒に研修を受けることで、自分たちの業務を見直し、正しい業務のあり方を再構築できます。ＥＳの向上につながる楽しみややりがいは現場にあるからこそ、それを実感しやすくするために研修は現場で行うのが良いのです。

第4章

公金に頼らず、黒字化する——

健全な経営を実現する投資とコスト管理の徹底

ファイナンスの視点をもつ

事業の収益性と事業運営のための資金調達は、社会福祉法人の存続に直接的に関わります。赤字経営や公金頼みの経営といった危機的状況に陥らないようにするためにも、ヒト・モノ・カネのカネに関する改善は経営者の使命です。法人によっては経理や財務の担当者にお金の管理を任せきりのケースもありますが、私はそれは間違いだと思っています。

経営者は率先してファイナンスを学び、売上が伸びる事業づくりに努めるのが正しい経営です。経理の細かな事務作業は任せるとしても、いくら稼ぎ、いくら使い、いくら手持ちがあるのかを把握することが重要で、それができていない結果が赤字経営や公金頼みの経営なのだと考えています。

収益性や財務の状態を健全化することは事業の成長にも結びつきます。まず手元の資金に余裕があれば、必要な設備投資を即決できます。これは従業員と利用者が快適に過ごせる環境をつくるために大事なポイントですし、ほかの施設との競争という点で、行動のス

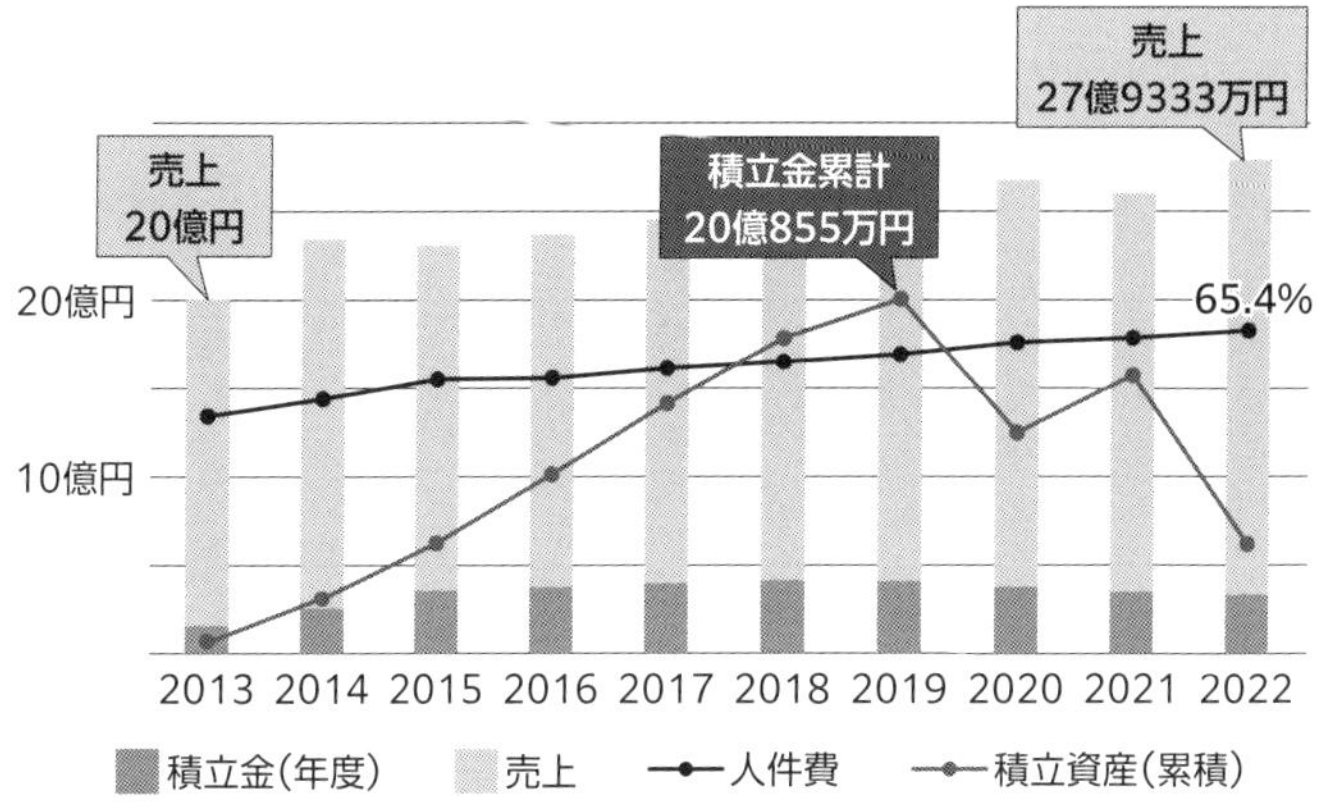

福知山学園の収益状況

ピードが差別化要因になります。

私たちの施設は年間の売上が約28億円弱（2022年度）で、そのうちの約3・5億円を毎年の利益（利益剰余金）として貯めています。事業運営のための十分な売上と利益があるため、資金不足で投資などを見送ることもありませんし、施設の運営や利用者の安全のために必要な投資の資金として不要な借入をする必要もなくなります。

実際、設備に関しては新しい機種やシステムに入れ替えることで事故リスクを抑えられることも多く、利用者の安全を確保するという観点で、支出を渋ったり迷ったりしてはいけないケースもあります。

また、事業を成長させていくための投資計

画も立てやすくなります。社会福祉法人にとっての大きな投資は、設備の入れ替えや建物の建て替えで、その繰り返しによって価値を高めていくことができます。価値が認められることで利用者も従業員も増え、その結果として収益性がさらに良くなっていく正方向ののサイクルが生まれます。

これは中長期の成長戦略として考え、例えば、3年おきに設備を入れ替える、10年後に建物を建て替えるといった計画に落とし込む必要があります。しかし売上が少なかったり、安定して利益を得られていなかったりする施設の場合は、単年ごとの業績を見るだけの場当たり的な投資になりやすく、それでは中長期の成長は実現できないのです。

健全な経営の実現に向けて経営者が把握しておくお金の情報としては、事業の業績を見る損益計算書（ＰＬ）が重要です。売上とコストを正しく管理することで、収益性を高める戦略を考えることができます。また、利益は売上からコストを引いた残りですので、売上の最大化とコストの適切な管理によって利益も最大化できます。

ＰＬを正しく管理していくうえでは、資産の活用状況を把握するための貸借対照表（ＢＳ）、そして事業の運営と投資の財源となる資金状況を把握するためのキャッシュフロー計算書（Ｃ／Ｆ）も把握できるようになるのが理想です。ＢＳで管理するポイントは、売上を生む資産がどれくらいあり、どれくらいの利益を生んでいるか、Ｃ／Ｆで管理するポイントは、事業を通じた利益（利益剰余金）がどれくらいあるか、そして、それらを施設の発展のために投資できているかです。この３つを経営者が理解し、把握することによって、お金の面での正しい経営が実現できます。ＰＬ、ＢＳ、Ｃ／Ｆから客観的な情報を読み取り、自立した経営を実現するための戦略立案に活かすことが経営者の役目です。

ＰＬの一つ目の課題は売上を伸ばすことです。売上は利益の源泉となり、利益が投資の源泉になります。そのため、赤字ではその原資がつくれませんし、公金頼みでは経営が安定しません。ＰＬ改善の第一歩は、売上の目標である予算を立てることです。私たちの売上を例にすると、２０１０年代からの10年間は20億円前後を目標とし、決算もほぼ予算どおりで推移してきました。

売上の目標額は、施設の稼働率を計算すれば算出できます。入居施設の場合は利用者一人あたりの売上（単価）と入居者を受け入れるベッドの数を計算すれば、現状の施設をフル稼働させることでどれくらいの売上が得られるかが分かります。

非営利である社会福祉法人は売上を伸ばすことが第一の目的ではありません。しかし、稼働率向上を目指して運営していけば、それが利用者ニーズに最大限に応えることになり、自ずと売上は増えます。増収増益の積み重ねで福祉サービスが充実し、利益を継続的に施設に投資していくことで、利用者と売上を増やしていくことができます。

稼働率100%を実現

売上が伸びない原因は稼働率にあります。つまり箱物ビジネスの収益源である箱、つまり施設そのものの管理が甘く、稼働率が100%を下回っているということです。

例えば、私たちの2022年度の予算は約27億円としました。これは事業全体の稼働率を100%で計算した数値です。結果的に同年の決算は28億円弱となり、稼働率を適正に管理していればこのように予算を達成できます。予算は単純な計算式で、重要なのは稼働率の管理なのです。

この稼働率の管理こそがPL改善の重要なポイントです。施設のなかには稼働率が80%のところもあります。それは「80%で十分」と考えているか、90%や95%にするための施策を考えていない、または、考えてはいるけれど実行できていないためです。

これは放漫経営の典型です。売上を増やしたいのであれば、なぜ100%にならないのか、１００％にするためにどうするかを考えないといけません。

例えば、入居者が退去したらベッドの空きが出て稼働率が下がります。問題は、そのことを想定した運営ができているかどうかです。稼働率が高い施設はあらかじめベッドが空くときを想定して、利用者の待機リストを作っています。

あるいは、従業員が足りないので入居者を増やせない、ベッドを埋められないという施設もあります。規模によりますが、福祉サービスには3対1の人員配置基準がありますので、その基準を満たさない状態では利用者を受け入れることはできません。

しかし常に3対1ギリギリの状態で運営していると入居者が増やせませんが、2対1、もしくは１・７対1といった加配の状況にしておけば、または、そのための人材確保を想定して戦略的に準備しておけば利用者も増やせて、稼働率も高くできます。

稼働率１００％以上を目指し実現することで事業の安定も成長も望めます。利用者数に合わせて従業員数を増やすことで、地域の雇用創出の面でも貢献度が大きくなります。

地域福祉における存在意義を考えても、社会福祉法人は福祉サービスのインフラとして地域の福祉ニーズに最大限に応えることを期待されています。そのために、事業の利益が非課税になったり施設運営の補助金を受けられたりといった行政からの支援を受けています。この期待に応えるためにも、福祉施設の100%以上稼働を目指し、実現させることが福祉サービスのインフラとしての使命といえます。

支援ニーズが高い人を優先

稼働率100%以上を目指すことを前提として、次に見直しが必要なのが支援に対する報酬です。施設運営の視点では、どのような人を対象として運営するかということです。障がい者支援を例にすると、支援区分は1～6段階まであり、重度の区分6に近づくほど支援報酬が高くなります。区分6の人が減り、区分5の人が増えれば、その分だけ支援報酬が減りますので、収益性の観点からいえば、施設は支援ニーズが高い重度の人を主な対象とするのが良いといえます。

赤字の施設にはこの視点が欠けています。業務の大変さと人手不足を理由に重度の人の支援を少なくし、支援報酬の単価が低い人を主な利用者としていることが多いのです。重度になるほど支援が大変になるのは事実であり、人も多く雇用する必要があります。

しかし、収益性を考えるのであれば、大変な仕事を引き受ける意志と覚悟が必要です。従業員の負担も大きくなりますが、報酬が増える分、給料として還元できます。施策としては、負担軽減のために人を増やすことができますし、加配によって報酬が加算されれば、その分を給料に反映したり、さらに人を増やすために使ったりすることができます。

単価を追うことが施設運営の本質ではありませんが、報酬が増えることは結果的に従業員と利用者にとってプラスになります。施設としても改修などによって価値を高めることができ、サステナブルな経営の実現に向けて未来志向で投資できるようになります。

施設の存在意義としても、施設は福祉のプロフェッショナルがいる場所であり、家庭で支援しきれない人を優先的に受け入れることが求められています。つまり「大変だから」と考えることも、入居者の優先順位を逆にすることも本来の施設運営のあり方と矛盾します。

本業以外の事業も検討

売上を伸ばす施策としては、福祉分野以外の事業をすることも考えられます。社会福祉法人は社会福祉法において、社会福祉事業を行うことを目的とするとなっていますが、その他の事業として、収益そのものを目的とした事業（収益事業）も行うことができます。

これは福祉サービスに関する知識や能力とは関係なく、事業運営の能力が必要な分野です。例えば、障がい者施設のなかには、ワイン作りをしている施設があります。貸しビルや駐車場経営によって利益を得ている施設もあります。また、地域のニーズがあれば保育園を運営したり、富裕層向けの住居を運営したりすることもでき、これらの分野では福祉や介護の知見を活かすこともできます。

収益事業に踏み出す際には、社会福祉法人は非営利である、福祉サービスに終始するのが正しいといった意識の壁を越えなければなりません。つまり経営者としての視点とマインドを変えるということです。

もちろん社会福祉法人は福祉サービスが本業ですので、本業の収益性を良くすることが第一です。ですので、収益事業が展開できる機会や環境は、すべての社会福祉法人に与えられているわけではありません。しかしもし機会があるなら挑戦してみる価値はありますし、施設運営とは異なる分野で事業を行うことが、経営に関する新たな知識や経験の習得にもつながります。

収益事業は社会福祉法人の優遇税制から外れるので、収益事業で得た利益に対する税金（収益事業課税）が発生します。しかし納税は国や地域行政の収入になるので、収益事業を

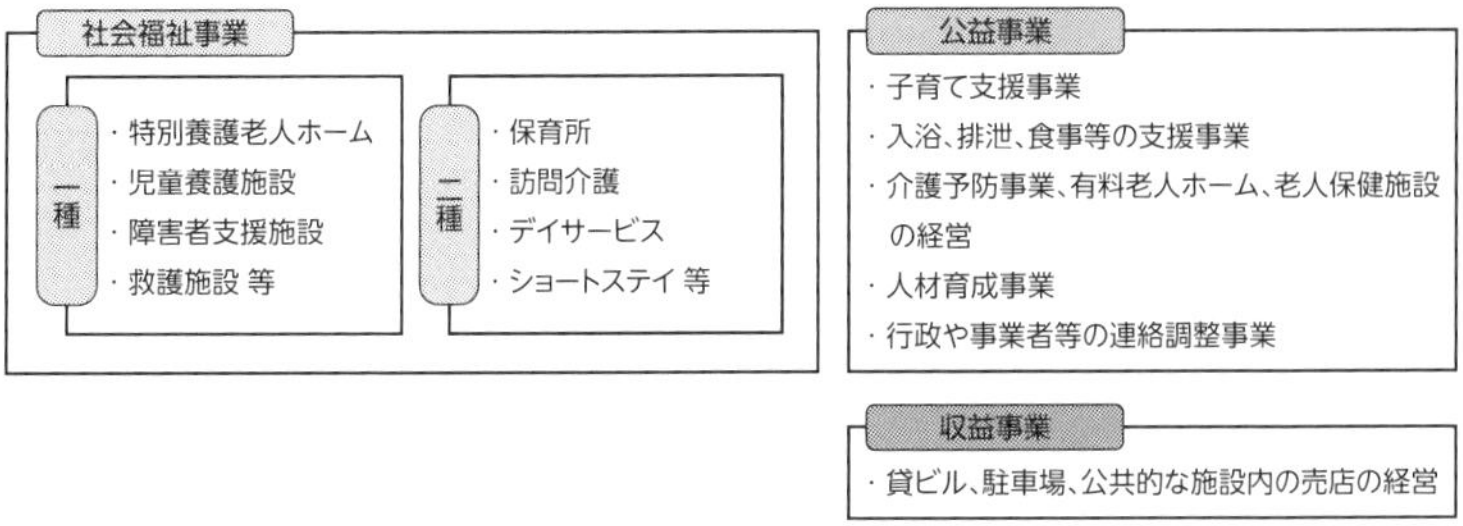

社会福祉事業と公益事業、収益事業の線引き

出典：厚生労働省 社会福祉法人の概要

成功させることは地域貢献にもつながります。

また、社会福祉法人の社会福祉事業は非課税ですが、社会福祉法人で働く従業員は給料から所得税を納めています。給料が高くなるほど納税額も増えます。

そのため、収益性を良くして従業員数を増やすことや、給料水準を高めていくことは、間接的に地域への納税額を増やすことになり、地域貢献の度合いを高めていくことにつながります。社会福祉法人は、福祉サービスの提供拠点であるとともに、納税者を増やす拠点という見方もでき、雇用の拡大も重要な地域貢献の取り組みといえます。

コストより前に利益を決める

ＰＬでは、売上から人件費や販売管理費などのコストを引いた金額が利益として残ります。コストを最小にすれば、売上に対する利益が最大化します。すなわち無駄なコストをなくし、できる限り利益を残そうとするのがＰＬにおける基本的な考え方です。

ただ、収益性や財務の状況を健全化するのであれば、コストより先に利益を考えることが重要です。つまり毎年（毎期）いくら残すかを先に決めて、その差し引きによって使えるコストを考えるということです。これが赤字化を防ぐポイントです。

人を雇い、備品を買うことでコストを積み上げ、最終的に残ったお金を利益とするのは流動的な管理方法です。着実に利益を残すためにはコストの厳密な管理が必要です。

経営改善では、中長期的な成長を計画し、そのために必要な資金を着実に貯めていくことが大事です。その原資となる利益は先に確保するほうが経営が安定しやすくなります。

利益の設定は、前年の売上に対する割合で決めることができます。私たちの場合は、売上の11～12％を利益の目安としています。売上が27億円であれば3億円ほどで、実際、２０２２年度は28億円の売上に対して利益が３・５億円、その差し引きで、事業活動のコストの総額が24億円強となりました。この利益は毎年積み上げていきながら、施設の改修や建て替えの原資にします。

売上に対する利益率をどれくらいにするかは、社会福祉法人やその経営者の考えによります。私が11％にしたのは、ビジネス書で優良企業の利益率は10％前後であると読んだからです。私が経営の手本としているトヨタ自動車も、営業利益率は8％前後です。世界のトヨタが8％なら、私たちはトヨタを超える10％前後を目標にしようと考えました。

単純な決め方ですが、私たちの事例からも分かるように、10％前後であれば十分に残すことができます。また経営が安定し、次の成長に向けた計画が組みやすくなるという点でも、10％前後の利益を継続して出せるようにすることは妥当であると思います。

中長期の計画から必要な利益を算出

利益の設定は、中長期の成長戦略と照らし合わせます。例えば、私たちは管理部門などがある拠点（本部）を除き25の事業所があり、これらの施設は徐々に老朽化していきます。従業員と利用者が快適に過ごせる環境を維持していくためにも、社会福祉法人としての価値を高めるためにも、施設の建て替えは必要であり、そのための資金を準備する必要があります。

すでにいくつかの施設は完了していますが、私はすべての施設を建て替えたいと思っています。仮に1施設あたりの建て替えに10億円かかるとしたら、毎年1億円の利益では10年かけても1施設分にしかなりません。そのペースでは私が考える建て替え計画に間に合わないため、いつまでに、いくつの施設を建て替えるかを明確にし、そこからバックキャスト（逆算）の考えで計算しました。その結果が、3・5億円という数字です。

利益の確保でもう一つ重要なのは、借入との関係性です。利益が残れば、建て替えのための借入をする必要性が低くなります。融資を受けるにしても、借入総額が少なくて済み、利息の支払いを抑えるとともに返済期間を短くできます。

無借金経営が必ずしも良いわけではありません。手持ちの資金がない場合には、借入をうまく使うことで設備投資を進めたり、新規の事業を始めたりすることができます。経営では、他社との差別化を図るという点でスピードが重要になることも多いため、必要な資金を10年かけて貯めるより、融資を受けてすぐに始めることが結果として法人の成長につながることもあります。

ただ、社会福祉法人全体の課題である赤字リスクの軽減や自立した経営の実現という点では、借入の返済は事業の重荷になります。借入がないほうが経営は安定し、借り入れるにしてもできるだけ短期で返済するのが良いと思います。

私たちの場合は、２０１０年からの約12年間で約50億円分の投資をしてきましたが、その際の借入は最長5年以内に返済できる金額にしています。サステナブルな経営を実現するには、利益を伸ばして借入金を減らすこと、そして、利益の推移を踏まえて、借入金を何年で完済できるかをあらかじめ把握しておくことが重要です。

コスト管理はメリハリが大事

毎年の利益が決まれば、事業のために使えるコストの総額を計算できます。コストについて重要なのは、使えるお金のなかでやりくりすることです。

売上から利益を引いて、使えるお金が10億円だとすれば、そのなかでできることだけをやります。例えば、食材費が2万円なら2万円でやれることを考えます。水道や光熱費が値上がりしたなら、安くする方法を考えます。これを徹底することで、想定した利益が減る可能性は小さくなり、不要な借入なども発生しなくなります。

不要なものにコストをかけない意識を徹底すれば、自ずと利益は残ります。ただし、なんでもかんでも節約すれば良いわけではありません。社会福祉法人の使命として、重要なのは従業員と利用者が快適に過ごせる環境をつくることですので、現場業務を円滑に行うために必要なものは迷うことなく買うことが大事です。

施設の建て替えなどは利益剰余金からの支出になりますが、ここにも計画が必要です。大きな支出ほど節約できたときの効果も大きく、収支で考えれば、節約した分は利益と言い換えられます。

そのことを念頭において、安く抑える努力を惜しんではいけません。また、安く建て替えられるタイミングを見計らうことも重要です。

一方で従業員や利用者が使う備品などについては、金額ではなく質で選ぶことも大事です。「安物買いの銭失い」という言葉があるように、コスト削減ばかりを考えると、すぐに使えなくなったり、壊れたりするものを買ってしまいます。

消耗品などのように質がほとんど変わらないものは安さで選んで良いし、固定費である電気、水道、ガスなどの光熱費も安さを追求することが大事です。しかし備品は買い替えの手間なども含めて、質を第一に考え、便利に長く使えるものを選ぶべきだと思います。

これらは私たちが考えるコスト管理の方針ですので、違う考え方をする経営者もいます。重要なのは、その方針を従業員と共有することです。コストをかけるなら、なぜかけるのか、絞るのであればなぜ絞るのかを従業員が理解することで、施設全体で正しいコスト管理が浸透します。そのためには経営者がコスト管理に関する方針を明確にし、従業員に向けて分かりやすく伝えられるようになることが重要です。

不要なコストを経営判断で排除

コスト管理という点では購入する理由や用途を明確にすることが重要です。そのためには、コストの使途とその効果を可視化し、決済の判断を効率化する必要があります。

私たちの施設では、一定の金額を超えるコストについては社内イントラを通じて、管理職、役員、私に稟議が上がってくるようにしています。稟議には、なにが、どういう理由で必要かが書かれているため、可否の判断をスピーディーに行うことができます。

また、稟議を書く施設や従業員側には、コストの使途が従業員や利用者の利益になる、または施設の価値向上につながることを条件としていることを理解してもらうことが重要です。これが浸透することでコストの垂れ流しがなくなり、必要な備品などを適宜購入できるようになります。従業員のなかで正しいコストのかけ方も理解されます。

コストをかけるもの、かけないものの条件が明確になり、グループ全体で共有されることで、稟議を承認したり却下したりする私の判断基準もシンプルになります。その際に重要なのは、不要なものは経営判断で確実に却下し、排除することです。

判断するためには、経営者が実態を客観的に把握することが大事です。例えば、施設から「車がもう1台必要」という稟議が上がった場合、近くの施設と共有できる場合もあります。まずはその可能性を考えてみる必要がありますし、稼働状況を調べてみれば共有できる可能性がどれくらいあるかも分かります。施設側ではそれが具体的に見えていないこともあるため、経営者が全体像を把握したうえで最終判断をすることが大事です。

コスト管理が甘い施設はこの判断があやふやです。経営者がコストをかけるかどうかの妥当性を的確に見極めていないため、不要なものを買う無駄遣いが生まれ、必要なものを買わないことで従業員が無理を強いられ、判断基準がブレることで承認されたりされなかったりする、つまり、ムリ、ムダ、ムラが起きるのです。

コストの可視化は、現状のコストの使い方を見直す機会にもなります。私たちの施設では以前は57台の社用車がありました。これらにかかるコストや各車両の使用状況を可視化することで費用の無駄が確認でき、すべてリースに切り替えてコスト削減につながりました。

複数の施設がある場合は、車以外にもコストの管理を楽にできる方法がありますし、スケールメリットを活かせることもあります。日用品や食料などの一括購入もその一つです。

現場に必要なものは惜しまない

コスト管理では現場が声を上げられるようにすることが重要です。

現場の業務で本当に必要なものは現場の従業員が最もよく知っています。例えば、新しく導入したシステムが使いにくかったり、新築の施設のある部分に不便さを感じたりすることもあります。そのせいで業務効率が悪化したり、利用者の安全が脅かされたりする可能性もあります。

そういう場合に従業員が予算を気にしたり遠慮したりすると、不便さを我慢することになり、ストレス要因となりますし生産性も低下します。さらには従業員の自己犠牲を強いることにもつながります。

こういう課題こそ、たとえ導入したばかりの設備だったとしてもコストを惜しまずに改善しなければなりません。業務に支障が出るなら、その原因となっているシステムや設備を損切りするのも経営者の役目です。

このような不具合は経営者からは分かりにくいため、現場の従業員が声を上げられるようにしておくことが大事です。これは従業員に向けて強くメッセージを出す必要があります。クーラーが壊れて暑い、設備が古くて使いにくいといったことも含め、ムリ、ムダ、ムラが発生しているのであれば、その報告をすべて吸い上げられる社風にすべきです。

しかしそもそもの話として、必要なものはすべて買ってよいと言うためには、それだけの利益が出ていなければなりません。収益性の向上と財務の健全化によって経営を安定させる理由は、必要なものはなんでも購入できる環境をつくるためともいえます。

ESの観点から見ても、現場で汗をかいているのは従業員ですから、彼らが利用者を守ってくれているように、経営者は従業員を守る必要があります。それがコストをかける最大の理由で、利益を従業員に還元する重要な方法の一つでもあります。

資産の増加が成長を表す

次に、ＢＳに記載される資産と資本についてです。手持ちの資産である施設や設備などには維持費がかかっています。借入金などの資本には調達コストがかかっています。これらを最適化することもお金の面で健全な経営を目指すことにつながります。

ここでは適切な資産と管理の運用というところがポイントです。ＢＳの左側に表記される資産は、社会福祉法人の場合、固定資産である建物が大きな資産です。設備も固定資産で、社用車がある場合は車もここに資産として記載されます。

経営リスクの観点から見ると、資産が増えるほど管理の手間や維持費がかかりますので、ＢＳを小さくする、つまり資産を増やし過ぎないようにする考え方もあります。

ただ、私は資産は増やしていくのが正解だと考えています。資産の増加は法人としての成長を表しますので、施設を増やし、設備を充実させ、法人の規模と事業領域を広げます。社会福祉法人は箱物ビジネスの性質があるため、箱を増やし、大きくし、箱のなかを充実させて、売上を伸ばしていくことが正しい経営です。

また、ＢＳを経年で見て変化しているかどうかも重要です。例えば収益性が良くない社会福祉法人は、前年やその前の年のＢＳと資産がほとんど変わっていません。これは固定資産が動いていないことを意味し、事業が滞っている可能性が高いといえます。固定資産の建物や設備が増えることが法人としての成長を示す一つの指標であり、成長している法人は資産の総額が増えます。どれくらいの資産をもっているかと同時に、その資産がどう変化しているかを見ることで、法人や事業の成長を把握することが大事なのです。

利益を生む資産を見極める

ＢＳを踏まえた資産の活用では、資産を増やしていく一方で、不要な資産を増やさないことが大事です。不要な資産とは、使っていない資産や利益を生んでいない資産のことで、ＢＳの改善では、資産をもっていることよりも事業に活用できているかどうかが重要です。

施設の建物を例にすると、施設が大きくなることでより多くの利用者を受け入れられるようになります。施設の設備も利益を生みます。設備の充実によって福祉サービスの質が高まり、利用者の数が増えたり評判が良くなったりします。これは資産を利益の源泉として活用できている例です。一方、建物そのものの資産価値はあっても、稼働率が低ければ収益性は下がります。収益を生む建物であることが重要で、その視点を無視すると社会福祉法人経営では負の遺産になります。

また、介助などの現場業務と直接的には関係しない本部や管理部門の建物や備品などはコストセンターであるため利益を生みません。これらの部門で働く従業員のＥＳを高めるという点ではコストをかけて環境を良くすることが大事ですが、資産を増やして利益を増やすという目的に照らせば、現場への投資よりも優先順位は低くなります。

私たちの本部の建物も、広さはそれなりにありますがコストはあまりかけていません。もともとスーパーマーケットで、閉店後に廃墟のようになっていた建物を借り、内装工事をして本部として使っています。更地に本部を建てれば数億円のコストがかかりますが、今のオフィスは数千万円の工事代だけで済みました。コスト管理の点でも、使えるお金は有限ですから、施設に使い、本部のコストは絞るというメリハリをつけることが大事です。

施設によっては、駅前など人通りが多い場所に本部をおいていることもあります。この場合は賃料などが高いためコストがかかりますが、多くの人に社会福祉法人や施設の存在を周知する宣伝効果を考えると、無駄とはいえません。宣伝効果や従業員の通いやすさを重視するといった狙いが明確なら、本部にコストをかける戦略もあると思います。

営業CFの黒字化が大前提

Ｃ／Ｆは、事業の運転資金や投資のための資金を管理するもので、赤字経営や公金頼みの経営にしないために重要な資料です。キャッシュを正しく管理することで、施設の成長に向けた投資計画が立てやすくなりますし、無駄な借入をなくすことにもつながります。

健全な経営を実現するために重要なＣ／Ｆの改善ポイントは２つです。

１つ目は、事業を通じて得たキャッシュの増減を表す営業キャッシュフロー（営業ＣＦ）です。これはキャッシュの観点から経営の良し悪しを表すもので、黒字であれば営業ＣＦはプラスになります。また、適切なコスト管理も重要で、コストの無駄遣いをなくすことによっても営業ＣＦはプラスになります。

逆に、売上が伸びていなかったり、コストが売上を上回ったりしている場合などには営業ＣＦはマイナスになります。事業成長には営業ＣＦプラスが大前提です。

２つ目は、建物や設備などへの投資を表す投資キャッシュフロー（投資ＣＦ）です。投資によってキャッシュを使った場合は投資ＣＦがマイナスに、投資資産である設備などを売却した場合はその分が入金され、投資ＣＦがプラスになります。

事業を成長させていくためには投資が重要です。例えば、施設の改修や建て替えは新たな利用者を獲得することにつながり、その結果として事業が伸びていきます。そのため、成長している法人の投資ＣＦはマイナスになることが多く、変わっていない場合や増えている場合は、キャッシュを成長に結びつけられていない可能性があります。

この2つのＣＦを差し引きした結果がフリーキャッシュフロー（フリーＣＦ）です。営業ＣＦが投資ＣＦよりも多ければフリーＣＦはプラスで、次の投資に向けたキャッシュが手元に残っていることを表します。手元のキャッシュが多ければ、良い投資機会などがあったときに迅速に投資できます。

またキャッシュをもっておくことによって、運転資金などが不足するリスクも抑えられます。ただフリーＣＦは営業ＣＦと投資ＣＦの差し引きですので、投資が少なく、投資ＣＦがプラスの場合もフリーＣＦがプラスになります。この場合は積極的な投資ができていない可能性があり、施設を成長させていくための計画と戦略を見直す必要があります。

営業ＣＦが投資ＣＦよりも少なければフリーＣＦはマイナスになります。これは手元のキャッシュが足りていない状態です。そのため、次の投資がしにくく、投資や運転資金を調達するために金融機関などからの借入を利用したり、手持ちの資産を売却しなければならなかったりする可能性があります。

また、売上が少ない場合もフリーＣＦがマイナスになりやすくなります。赤字だったり公金頼みの経営をしたりしている社会福祉法人はこのケースです。この状態では成長のための投資ができず、運転資金の調達リスクも大きいので、営業ＣＦを増やすための施策を急がなければなりません。

投資の半分をキャッシュでもつ

手元の資金を表すフリーＣＦは、これからどのような投資をしていくかを計画したうえで目安をもっておくことが大事です。例えば、私たちは施設の建て替えを順次進めていこうと考えていて、そのために必要な資金をもとにしてキャッシュの管理をしています。

例えば、一つの施設の建て替えで30億円かかるとしたら、私たちはその半分をキャッシュでもちたいと考えています。キャッシュは毎年の利益の積み重ねですのですぐには貯まりません。しかし、30億円の半分くらいまで貯まれば建て替えを具体的に検討します。

また利益については毎年の目安を決めているため、年３億円であれば５年で15億円といった計画も見えます。このペースを維持して、建て替えと増収の良いサイクルを生み出します。

残りの資金は借入を利用します。その返済も毎年の利益を踏まえることで計画できます。年３億円の利益が得られれば、その半分を返済に充てたとしても10年で完済できます。負債が大きくなるほど、また返済が長期化するほど経営リスクが大きくなるため、最長でも10年以内の返済を限度として考えます。

建て替え費用の半分をキャッシュで準備するのも負債の総額を減らすためです。私たちのキャッシュの状況を例にすると、２０２２年度の現預金の額は12億円ほどで、借入の残額である未払い現金は７億円ほどのバランスになっています。

知見をもつ金融機関と付き合う

金融機関からの借入は、施設を成長させていくための手段の一つです。資金調達の戦略では、経営安定のために借入をできるだけ少なくする、成長性重視で借りられるときに積極的に借りるといったさまざまな方向性があるため、自分たちの成長戦略に合わせて活用していくことが大事です。

健全な経営の実現のためには融資に頼り過ぎないことも大事です。これは公金頼みの経営からの脱却と同じで、自立した法人に変わるためには資金調達を依存するのではなく、必要なときに借りる手段の一つくらいの認識で金融機関と付き合うことが重要です。

金融機関への依存度を下げれば、銀行と事業者が対等の立場になります。金利交渉も対等にできます。銀行は経営が安定している法人や、キャッシュをもっている法人にお金を貸したいと考えますので、銀行の顔色をうかがわずに済むようにするには、常に一定のキャッシュをもつことや、利益剰余金が増える経営を実現していくことが大事です。

また、金融機関もさまざまですので、どこと付き合うかが大事です。私たちの場合、現在は都市銀行をメインバンクにしています。

その理由は、都市銀行のほうが知的財産を多く私たちに提供してくれるからです。銀行はお金を貸すことが主たる事業ですが、近年は低金利が続いていることもあり、経営のアドバイスやコンサルティングといった事業もしています。キャッシュがあるほど資金調達のニーズが低くなり、むしろそのようなサービスの質が重要になります。

金融機関との付き合いでは、貸し手と借り手がウィン・ウィンの関係となることが理想です。融資を受けるにしても、ただお金のやりとりをして終わるのではなく、どういう戦略で、どうやってお金を使うかを考える必要があります。そのための質の高いアドバイスを受けられる銀行、成長に役立つ情報を提供してくれる銀行を選ぶべきだと思います。

とはいえ、忘れてはいけないのは、都市銀行だけでなく地域の金融機関との関係です。都市銀行一辺倒ではなく、地域の事情に通じ、手を取り合って地域の振興に力を注ぐことのできる心強いパートナーとの関係もしっかりと築いていく必要があります。都市銀行と地域銀行、この両輪で施設の成長を活性化できればよいと考えています。

10年に一度の危機に備える

キャッシュをもつことは、不測の事態の経営リスクを抑えるためにも重要です。例えば、物価が上がれば施設の維持費が増えます。実際、近年はガソリン代や電気代などが上がっています。そのために利益が出しづらくなっている施設もあります。

しかしキャッシュがあれば多少のコストの増加も吸収できます。社会福祉法人はサステナブルであることが重要で、常に運転資金をもっておくことが求められます。

利益が出ていても手持ちのキャッシュがなければ黒字倒産にもなりかねませんので、資金繰りの施策として一定のキャッシュをもっておくことが大事です。または、万一のときに金融機関から資金調達できるように、売上を伸ばし、財務状況が良い状態を維持していくことも重要です。常に危険を予測し、それに対処できるだけのキャッシュをもっておけば、あらゆる事態に的確に対処することができるのです。

より大きな危機としてコロナ禍のようなことも起きます。大きな危機がいつ起きるかは分かりませんが、リーマン・ショックなど過去の例を踏まえると、10年に一度くらいのペースで起きると想定しておくことが大事です。

コロナ禍では国や行政などからさまざまな業界の企業に向けて融資が行われました。しかし、返済できずに倒産した企業も多く、1兆円ほどのお金が回収不能になったというニュースもあります。福祉施設では、コロナ禍によって高齢者がデイサービスなどを利用できなくなり、私たちの施設の稼働率も大きく下がりました。

この危機を乗り越えられたのも手元のキャッシュを確保していたからです。その点で、キャッシュは法人としての体力を強くする貴重な資産であり、キャッシュの金額が法人の強さを表す指標ともいえます。

キャッシュの管理を簡単にする

C／Fの管理は、単年の金額を見るだけでなく、事業の成長の計画を踏まえながら少し先まで見据えることが大事です。例えば、私たちは3～5年先のキャッシュを見据えながら計画を立てています。

5年後に施設を建て替えるのであれば、頭のなかに建設仮勘定という概念をもって、中長期でキャッシュがどう変化するかを想定します。5年後に建て替えれば、そこで一時的にキャッシュが減ります。その場合、経営にどんなリスクがあるか、融資の返済はどうなるかといったことをあらかじめ想定しておくことが重要です。キャッシュが大きく減るのは経営リスクですが、あらかじめ減ることを想定していれば不安にはなりません。

また、施設の建て替えなどは入念な準備が必要で、思い立ってからすぐに建つわけでもありません。その点でも時間の余裕を見ながら、3年後にどれくらいのキャッシュがあるかを考えることで実行性の高い計画がつくれます。

一方で、物価の上昇や直近のキャッシュの状況などを把握するために、月単位のキャッシュを把握しておくことも重要です。私たちの場合は、毎月のキャッシュの変動を定点観測しています。月々の売上がいくらか、支出はいくらで、前月と比べてどう変化したかを見ることで、キャッシュの過不足が確認できます。手元のキャッシュを把握しておけば、施設から備品購入の稟議が上がってきたときも素早く実行できます。

その際のポイントは、把握するための情報をなるべく簡素化することです。例えば、私たちは食事を提供しますので、全施設の合計で月々７００万～１３００万円ほどの支出があります。これを施設ごとに集計するのは手間がかかります。そのような背景もあり、従来は各施設のサテライトキッチンで作っていた食事を、現在はＨＡＣＣＰ《ハサップ》（国際的な衛生管理の手法）にのっとったセントラルキッチンを建設し、ここで一括して作っていくことで食事関連の支出を一本化し、支出の変化の確認を簡単にしました。

仕入れなどによる支出という点では、福祉サービスは光熱費と食事以外の定期的な支出は少ないため、材料費の支出が多岐にわたる製造業などと比べるとキャッシュの面では安定しやすいといえます。

一方で、福祉サービスは労働集約型ですので、人が価値を生みますし、人件費が最大のコストです。C／Fの管理では、今後3年間で従業員をどれだけ増やすか、増やしたときに人件費と利益がどう変化するかを想定しておくことが重要です。

施設ごとに収益計画を立てる

複数の施設をもつグループ法人の場合は、本部主体で施設の収益状況を管理しているケースが多いといえます。しかし、実際には各施設の収益状況を把握しきれていなかったり、赤字の施設が放置されたままになっていたりするケースがあります。

このような実態を踏まえて、私は単独事業、単独収支の形を構築することが大事だと考えています。単独事業、単独収支は、グループ内のそれぞれの施設が自分たちの売上目標をもち、利益を生み、単体として事業が成り立つようにするということです。

売上を例にすると、私たちの場合はグループ全体で年間29億円という予算を立てていますが、これは各施設が立てた目標の合算です。稼働率100％以上の実現を各施設との共通の目標として、それぞれの施設で売上目標額を決めて本部に報告してもらいます。一般企業でいえば本社と支社のような関係です。

各施設の目標は施設長が中心となってつくります。各施設の目標が上がってきたら、それを合算してグループ全体の予算を計算します。また、各施設の目標については、前年の売上実績などを踏まえながら、どういう経緯でその金額になったのかを検証します。稼働率、単価、近隣の人口動態などを踏まえながら、目標額が適正な水準かどうか検証し、最終的な目標が決まったら、目標達成のための支援を行います。

施設長は基本的には経営よりも現場への関心が高いため、適正な売上予測を立てるのは難しいと思います。私たちの場合も、最初は各施設から上がってくる目標が低く、何度も上方修正を頼みました。私はグループ全体で1億円程度の利益を目指したかったのですが、当時の売上10億円に対して、2000万円ほどの利益となりました。経営への関心が低かったことに加えて、施設長のなかに社会福祉法人は利益を追求しなくていい、稼働率向上を目指さなくてよいという考えがあったことも原因の一つです。

これを出発点として、稼働率の管理や売上を伸ばす重要性などを伝え、施設長の意識改革に取り組みました。売上、利益率、利益剰余金の金額など、経営に関するあらゆる数字を共有して、経営への関心を高めようと取り組み始めたのもこの頃からです。

各施設には売上目標の提示と同時に、目標達成のための施策も考えてもらいます。つまり単独事業、単独収支の考えで、それぞれ目標達成の責任をもってもらいます。

これは各施設の施設長が、自分の施設の成果に責任をもつきっかけになります。またグループの一員ではありながらも、単独での成果を求められることで、売上を伸ばしたり稼働率を維持したりするための施策や工夫を考えるきっかけにもなります。

それぞれの施設長が互いを意識しながら経営に取り組み、一方では、仲間としてグループ全体の目標を共有し、目標達成のために協力したり情報交換したりすることで、施設の間での相乗効果が生まれます。

施設内の従業員が切磋琢磨し、その集合体として施設の質や価値が向上するのと同じように、各施設が収益性や福祉サービスの質の向上を目指すことがグループ全体の成長力になります。もちろん本部が各施設の売上を一括して管理するほうが楽ですが、それでは相乗効果は生まれず、そのような意志も生まれにくくなります。

全体最適を目指すグループ戦略をもつ

グループ内で複数の施設を運営している場合、各施設の収益性には差が出ます。これは施設長の力量も影響しますが、施設の立地、規模、商圏などが異なるため、条件が悪ければ売上が低くなったり、赤字になったりする施設もあります。

グループ経営の良いところは、施設ごとの収益性にばらつきがあっても、グループ内に赤字の施設があったとしても、ほかの施設の利益で埋め合わせができることです。赤字施設は単体では投資ができなくても、グループ内の利益調整によって投資資金の再分配ができます。

その結果、黒字の施設はさらに伸ばし、赤字の施設は赤字脱却を目指す体制をつくれます。グループの役割は、収益性が良い施設と悪い施設のバランスも整えながら、グループ全体としての収益性を伸ばしていくことです。

もちろん私たちのグループにも売上が少ない施設や赤字の施設があります。

しかし逆に、赤字経営から学ぶこともあります。高齢者向けの事業を通じてデイサービスのオペレーションなどを構築し、改善していく方法を学ぶことができ、それは障がい者向けの事業に応用することができます。高齢者福祉は制度が整った成熟度が高い事業であるため、福祉サービスの制度全般について勉強する場にもなります。

また、私たちが駅前に設置している相談支援センターのような新規事業にはリスクが伴います。実際、開設から10年ほどは赤字が続いていましたが、私は意味のある赤字だと考えています。これは障がいのある人やその家族との接点を広げることを目的としてつくったもので、そういう機会と可能性を模索するためにも、成長戦略として数年間の赤字を覚悟したうえで施設の開設や運営を行うことも重要です。

地域福祉の拡充という点でも、障がい者の声を聞く場をつくることは大事です。一般企業の場合は赤字になるからやらない、黒字化できないから撤退するといった判断が適切な場合もあります。しかし社会福祉法人は公共性を重視する組織ですので、一般企業が手を出さない分野にも目を向ける必要があります。

一般企業の経営者が黒字化は難しいと判断した分野でも、社会福祉法人は創意工夫によってしっかり利益を得られるようにしなければなりません。その点では社会福祉法人の経営者に求められるレベルは高いといえます。グループ内で赤字を補いながら、困っている人を取り残さないための投資をしていくことが私たちの役割であるとも思います。

第5章

50年先を見据えた「発展・継続性」にこだわり抜く——

社会福祉法人ならではの事業戦略

自分たちが目指す未来像を言語化する

民間企業は事業を大きくして成長を目指します。自社の成長を実現しながら、国や地域に税金を払い、雇用を生み出し、付加価値を生みます。つまり、企業が成長することが地域や国への貢献につながります。

社会福祉法人は非営利組織ですが、存続のために適正な利益を得ること、その利益を地域に還元するという点では一般的な法人と同じです。その成長が地域福祉の向上につながることになり、特にこれからの超高齢社会では、福祉サービスが機能することが地域経済の発展に不可欠です。社会福祉法人と地域は一心同体の側面があり、地域社会の存続への貢献という大きな使命をもって、中長期の成長を実現していくことが求められます。

そのためには成長に向けた方向性を明確にすることが重要です。社会に対して果たすべき使命を示すミッションと、それを実現するために目指す姿を示すビジョンを明らかにし、それらを法人全体で共有しながら一致団結して成長していくということです。

経営の観点から見ると、未来を描き、法人として進んでいく方向を決めることが経営者

ミッション、ビジョン、バリュー

の役目の一つです。その未来像を実現するために、自分たちがやることを示すものがミッションです。また、ミッションを果たすために、自分たちがどのような志を共有し、どんな法人を目指すのかを示すのがビジョンです。

赤字化したり公金頼みになったりしている社会福祉法人はこの視点が定まっていません。つい足元だけを見た場当たり的な経営になるのは、地図がない状態で歩いているのと同じで、目指す場所や現在地がはっきりしていないからです。

私たちも以前は似たような状態でした。従業員それぞれが思い思いの目的をもって業務にあたっていて、同じ業務をしていても、その根っこにある姿勢や意識が違っていました。法人全体としても目指す姿があやふやで、ブレていました。

このような状態では法人としての成長は実現しません。法人は個人の集合体ですから、個人がバラバラな方向を向いている以上、一致団結した力を発揮できないのです。

そのような背景から、法人としての理念を掲げることにしました。私たちはなぜ事業をしているのか、どうありたいのか、なにがしたいのかといったことを掘り下げて、「人を創る　社会を創る」というミッションを頂点に、ビジョン、バリュー、行動指針などを細かく定めることにしたのです。

理念によって判断が明確になる

理念が明確になると、業務で迷ったときに原点に立ち返ることができます。日々の業務が忙しくなると、つい本来の目的を忘れます。福祉サービスを通じて地域に貢献するという大きな使命よりも、目の前にいる利用者をテキパキと介助することのほうにどうしても目が向いてしまうのです。その状態が続くと業務にばらつきが生まれます。本来であれば手順どおりに介助すべきところを、自己流でやろうとしたり、手を抜いたりします。

また、福祉サービスはホスピタリティーが重要ですので、利用者に寄り添ったり、共感したりするといった点で感情は大事です。それは利用者側もサービスを提供する側も同じです。しかし感情は個人の感じ方によるため、同じ場面でもとらえ方が変わります。同じ人でも朝と夕方では感じ方が違ったり、利他的な人が利己的に変わったりすることもあります。それを意識せずにいると利用者への対応にもムラが出てしまうこともあります。

このようなムラの積み重ねで福祉サービスの質は低下します。低下している状態でも感情に流されるため、「忙しいから仕方がない」「人間だから好き嫌いはある」といった言い訳が生まれ、改善されないまま放置されます。

理念はこれを防ぐ効果をもちます。ミッションを意識することで、自分たちがなにをする存在なのか、なんのために業務に携わっているのかを確認することができ、自ら業務の質を振り返ることができます。感情で動いていないか、与えられた役目を果たしているかといった反省ができ、判断に迷ったときの指標にもなります。

上司や先輩が注意する際も、理念に基づいた行動規範を踏まえて注意することで、相手に伝わりやすくなり、説得力も高まります。ミッションなどが明確であれば、法人のトップが間違ったことをしている場合も、従業員側からそれは違う、ミッションを逸脱していると注意ができます。そういった相互監視の意味でも、ミッションは重要ですし、明確にし浸透させることで組織の規範を保つことができます。

また、理念は組織内のあらゆる制度やルールとひも付いている必要があり、それらの根源をなすものでなければなりません。理念が明確になることで、各種制度やルールがなぜあるのか、なぜ守らなければならないのかも明確になります。

経営者が制度やルールが守られていない状態を放置することは、組織管理を放棄しているのと同じです。ESの観点で従業員を大事にすることは重要ですが、甘やかすことと大事にすることは違います。人はそれぞれの感情で動き、自分なりの価値観で判断したいと考えますが、その考えを尊重しつつも、組織としてまとめていくためには理念を浸透させなければなりません。

また、時代が変われば社会が求める法人像も変わります。その変化をとらえて、企業の使命も、たくさん稼ぐことから社会課題の解決に貢献することに変えなければなりません。ミッションやビジョンに合わせて制度やルールも変える必要があります。変化をとらえながら理念に立ち返り、必要に応じて微調整したり変えたりしていくことで、時代に必要とされる組織に変わることができ、中長期で社会に必要とされ続けるのです。

理念を自分ごとに落とし込む

グループ経営の場合は、理念を各施設にも浸透させることでグループとしての一体感が醸成できます。各施設の施設長と従業員がグループの理念を理解することで、施設単体としてなにをするかを定義しやすくなります。理念にひも付く各施設長の判断によって、自然とグループとしてのまとまりも生まれます。

ただ、施設長の経営意識をさらに高めるためには、理念を踏まえて、各施設の役目を明確にし、言語化することが効果的です。例えば、グループの理念が「人のため、地域のため」であった場合、その方針に従っているだけでは他人ごとです。「人のため、地域のため」に自分たちができることを自分ごとで考えるために、施設ごとの理念を自分たちでつくることが重要なのです。

かつてはコンセプトづくりに悩む施設長が多く、なにを目指せばいいのか、どう表現すればいいかと聞かれることもありました。しかし徐々にグループの理念が理解され、浸透していくにつれて、各施設がグループ内と地域でのそれぞれの役割を自覚して明確なコンセプトを掲げるようになりました。経営任せの施設運営から各施設が自立して運営するように変わり、施設運営に責任感をもって取り組むようになったのです。

施設長は、一般企業でいうところの中間管理職の側面があり、本部から言われたことを現場に、現場から上がってきた意見を本部に伝えるだけの役目に終始してしまうことがあります。しかし、組織とグループを成長させていくためには、各施設が自分たちの存在意義を意識し、意志をもって運営していくことが重要です。

施設ごとにコンセプトが明確になると、そのコンセプトを実現するための具体的な施策も考えやすくなります。例えば、「笑顔が広がる暮らしの質の向上」をコンセプトとするなら、利用者の笑顔を増やすという点でサービス内容を見直し、改善できます。従業員の笑顔と暮らしの質も重要ですので、その点から有給休暇取得率や残業時間の管理方法を改善する努力が求められます。

コンセプトを踏まえて自分たちが目指す姿が見えれば、それをもとにして、有休取得率75％以上といったＫＰＩをつくれます。施設内でのイベント回数を増やす、利用者アンケートを実施するといった具体策も計画できます。

これらの施策については施設単体では取り組めないものもあります。例えば、福祉サービスの向上のために人を増やしたい、設備投資したいといった話になれば、それは施設だけでは実現が難しいため、本部の責任で採用や投資を行います。施設が自らのコンセプトを掲げて成長を目指し、本部がその成長を資金などの面で支援するというそれぞれの責任が明確になると、互いの力を合わせて成長を実現していくことができるようになります。

未来志向が発展を生む

私は、ミッション、ビジョン、バリューという3つをセットとして施設の運営を行っています。これらに共通しているのは未来志向であることです。自分たちの目標や、こうしたい、こうありたいという未来の姿があり、それが明確になることで現状を変えていく力と施策が生まれます。

成長を過去よりも良い状態に変化することと定義するならば、未来志向の意識に変わることはそのきっかけになります。

未来が見えて、その未来に向かって成長していくことができれば、それは市場の競争を生き抜いていくことにもつながります。前例主義の社会福祉法人はその場で足踏みをするだけにとどまりますが、未来志向の社会福祉法人は変化とニーズをとらえながら福祉サービスの向上や新規事業の立ち上げを通じて前に進みます。中長期で発展していくためには、ニーズをとらえ続けることが大事です。

また、未来志向で施策を考えたりKPIを設定したりすることは、過去からの成長を振り返ることにもつながります。例えば、今期の目標として有休取得率80％以上というKPIを立てれば、来期は対前年比の考え方でその成果を振り返ることができます。達成できていなければ改善策を考えることができ、達成できた場合にはさらに高い目標を設定して、次の成長を目指すことができます。

KPIや数値など客観的な情報を踏まえて振り返ることで、自分たちがミッションの達成に向けて近づいているかどうかを確認できます。

理念を理想論にしない

理念のつくり方はいろいろとあります。経営者が中心となって理念策定のチームをつくることもできますし、社内の有志を集めてプロジェクトをつくることもできます。

私たちは外部のコンサルタントをメンバーに入れて策定に取り組みました。その理由は、外部の人の視点や意見が入ったほうが現実的で実現可能性が高いミッションやビジョンがつくれると考えたからです。

理念の策定で重要なのは、単なる理想論にしないことです。有給休暇が取れない、給料が低いといった課題があるのを無視して、地域のため、世の中のためといったお題目だけを掲げても、現場の従業員はしらけます。目指したい姿と現実とのゆがみが大きいほど、従業員に精神論と自己犠牲で成果を求めるようになり、それが不満を生みます。せっかくつくった理念が浸透せず、ただのお飾りになってしまうのは、法人の実態と目指したい姿との間に隔たりがあり、結びつかないからなのです。

それを避けるには、事業を客観的な立場から見ることができ、私たちと志を同じくするコンサルタント、知的財産を有す外部の集団などの力が必要です。そう考えて、一定期間にわたって彼らに常駐してもらい、従業員の意識、日々の働き方、地域における役割、事業の成長性といったあらゆる事実をつぶさに観察してもらいました。そのうえで、自分たちにできることや、目指したい姿を現実的な目線で具体的に描くことにしました。また、経営層や法人内の従業員だけで理念をつくると独りよがりのメッセージになりやすいため、経営者も、従業員の業務の実態などを客観的な数値によって可視化して把握することが大事です。

理念浸透の仕組みをつくる

理念などは、つくることよりも浸透させることのほうが重要です。労力で比べても、つくる手間よりも浸透させる手間のほうがかかりますし、そこには工夫と努力が必要です。浸透のための最も単純で効果的な方法は、従業員に向けて繰り返し伝えることです。例えば、新しい人を採用する場合は、採用の面談で理念を伝え、入社後の研修でも伝えます。これを徹底するだけでも、法人の理念に共感する人が採用しやすくなり、従業員にとっての業務の目的もブレにくくなります。

日々の業務では、全体会議などで伝え、施設長を通じた面談でも伝えます。組織が大きくなると従業員に直接伝える機会が減るため、私たちの場合は法人として目指す姿や理念の内容などについて動画で見られるようにしたり、従業員向けのチャットワークでメッセージを発信したりと工夫しています。

また、経営側から一方的に伝えるだけでは理念が他人ごとになり、形骸化します。浸透するということは、施設長や従業員が自分ごととして理念を意識して業務にあたる状態を指しますので、彼らが継続的に理念を意識できる機会をつくることも重要です。

そのための施策として、私たちの施設ではネットのチャットワーク経由で従業員からのコメントを募っています。４５０人超の従業員がミッションやビジョンを意識したことや、行動指針を業務に反映できたことなどをメッセージとして投稿し、共有する仕組みです。

このような仕組みをつくることで、現場の従業員が実際に理念をどうとらえているかが分かります。日々の業務で理念を意識していることも分かり、理念の浸透度合いを可視化することができます。

経営情報で現在地を示す

従業員との一体感を醸成する施策としては、経営に関する情報を共有することも重要です。理念は従業員と一緒に目指す未来を示すものですが、未来を語るにはまず現在地を知る必要があります。そのために役立つのが経営に関する情報です。

私たちの場合は、従業員個人の給料以外はほぼすべての情報を開示しています。毎年の売上・コスト・利益も伝えますし、どれくらいの利益剰余金があるかも伝えます。これら経営に関する数字を明らかにすることで、従業員は自分たちの勤め先の経営状況が分かり、経営が安定していることを知ることによって働き手としての不安を解消できます。また、経営について分かることで、組織の一員である意識も高まります。経営者は経営をして、従業員はそれぞれが与えられた業務をすればよいという分断された意識では、一体感は醸成されません。情報開示は、自分たちの業務が経営に直接的に結びついていることを理解する機会になります。

開示は、年1回の決算月で、全従業員に向けて税理士と役員が説明しています。役員が各施設に出向き、今期の売上がいくらだったか、前年比や経年でどう変化しているか、利益はいくらか、利益剰余金がどう変わったかなどを決算報告会を行って説明します。

法人としてどんな戦略をもち、どのような方法でミッションやビジョンを実現しようとしているのかも伝えます。例えば、年間の利益が3億円だった場合、そのお金を法人内に貯めるのではなく従業員の給料として還元してほしいと思う人がいるかもしれません。その際に重要なのは、なぜ3億円の利益を留保するのか、貯めてどうするのかをきちんと説明することです。

私たちの場合は、利益剰余金を投資資金として施設の建て替えや新しい設備の導入を行います。その結果として、従業員が働きやすく、利用者が過ごしやすい環境をつくり、市場における施設の価値を高めようとしています。

実績を開示する際には、そのような戦略も併せて伝え、理解してもらいます。中長期の成長戦略とその未来に向けた現在地が分かることで、従業員の納得度が高まり、ミッション実現に向けて一緒に取り組もうという意識も高めることができます。その過程で介助などの業務以外に、組織経営や未来に向けた新しい事業づくりに興味をもつ人も増えます。

ただ単に利益を求めるのではなく、人件費65％をきちんと確保しながら、それ以外の部分で施設の価値を高めていくことで、利用者にも従業員にもメリットと安心を還元していきたいと考えています。

サステナブルな成長を実現する投資方針

中長期での継続的な成長を実現するために、本部はグループ全体の利益をうまく配分しながら、各施設の施策を支援していきます。設備や建物への投資はその一例です。

施設の建物の状況を見ると、厚生労働省発表のデータによれば２０２０年には全国で７万以上の施設があり、その多くが築30年を超えて老朽化しています。モノの観点から見る正しい経営では、それらを建て替えて施設の価値を高めていくことが重要です。

しかし、社会福祉法人全体としては自力で建て替えようと考えるところは少なく、30年経った建物を放置していたり、公的な補助を頼ることを前提に建て替えを考えていたりします。

世の中がテクノロジーなどによって常に便利になっているなかで、30年前の施設を使っていれば時代に取り残されます。そうならないように、経営者は中長期の投資方針を考え、計画的に実行していくことが求められます。

投資方針で重要なのは、なんのための投資で、誰に利益がある投資なのかを明確にすることです。私たちの投資方針では、３つのポイントを重視しています。

１つは、私たちはＥＳを最重視していますので、その投資が従業員の利益になることです。設備を導入する際には、その設備によって従業員の業務が楽になる、より安全な環境で業務ができるといった効果を期待できる場合、その投資を実行します。

投資方針で重視している2つ目は、地域にとってメリットのある投資を行うことです。例えば、施設を建て替えて障がい者や高齢者が快適に過ごせるようになれば、それはより多くの利用者に喜んでもらうという点で地域のメリットになります。

施設内の設備も、より便利な新型に入れ替えていくことで利用者に喜んでもらえますし、地域住民である従業員も業務が楽になります。社会福祉法人の施設は、地域の支援に応えるためにも、投資方針として地域の財産になるものをつくらなければなりません。

3つ目は、事業性です。社会福祉法人は地域福祉を支えるインフラであると同時に行政から独立した事業体です。独立性を維持するためにも、不要な補助金で行政に負担をかけないという意味でも、法人として事業を維持していくための収益性を高め、そのために投資をすることが求められます。

施設の建て替えを例にすると、古い施設の改修は安全性の確保という点で最低限やらなければならないことです。ただ、事業性という観点から考えると、より良い施設を建てることを考える必要があります。既存の建物が80人入居できる施設だったとしたら、新しく建てる建物は80プラスαの入居者に対応でき、在宅介護などの機能を強化する施設にすることで事業の収益性が高まります。ゆえにニーズをきちんと尊重する快適な施設に変われば稼働率も高まります。私たちの施設の売上が伸び続けている理由も、建て替えるたびに常に既存の施設より少しでも良いサービスを提供できるよう、必要な機能を強化していくことにあります。ヒト・モノ・カネのバランスシートを成立させた結果、多くの人に利用してもらえる施設へと成長を続けているのです。

しかしこの投資方針を踏まえて、実際に投資をしていくためには綿密な計画が重要です。業界を見渡すと、稼働率が低い施設があり、休眠状態になっている施設もあります。大金をかけて導入した設備がほとんど使われずに放置されていることもあります。

これらは計画性のない投資による負の遺産です。施設は箱物ビジネスですので、稼働率１００％にできる建物を造ることが大事です。設備の導入や施設の改修や建設は行政の補助を受けることが多いため、使われないものへの投資は税金の無駄遣いになります。

特に建物は簡単には壊せないため、計画性のない投資が30年や50年といった長期にわたる負の遺産になります。建物の耐用年数を理解したうえで、中長期で稼働できるかを考える必要があります。そういった計画性を無視している経営者は少なくありません。事業性が低い施設に維持費をかけることになり、それが赤字化の原因にもなっています。

なかには、「補助が出るから」という理由で投資を決断しているケースもあります。業界内ではむしろこの考え方が多く、ESにつながるか、地域貢献になるか、事業性はあるかといったことを考えず、補助ありきでとりあえず建物を造るケースです。

しかしこのような建物の多くは、施設に利用者を集める力がない、または、そもそも利用者のニーズが見込めない場所に建ててしまうことがあるため、ほぼ間違いなく負の遺産になります。なぜここに建てるのか、誰が利用するのか、どんな成果が見込めるかといった点での妥当性がなく、つまり投資計画の根幹を成すはずの部分の検証が甘いのです。

従業員や地域に資する良い投資をしていくために、補助金は重要です。しかし、補助金を受けることを前提とした投資は失敗のもとです。まずは投資がどのような利益を生むかを検証し、そのための計画を練って、自信をもって実行できると判断したときに、補助金申請を検討するという順番で考えることが大事です。

投資のニーズは現場にある

ESにつながる投資には、現場の声を聞くことが最も効果的です。現場の従業員の意見を吸い上げていくことで、投資によって解決できる課題が見つかります。答えは常に現場にあり、経営者や管理職はその答えを拾うことが効果的な投資に結びつきます。

現場の声から投資に至った例として、私たちのグループはセントラルキッチンを造りました。これは複数の施設で提供する食事の調理を1カ所に集約するもので、器具を含めて6・8億円の投資となりました。

きっかけは、従業員の働き方改革に取り組んでいくなかで、調理担当者から「朝早くの出勤は負担が大きい」と聞いたことです。労働環境の改善は、施設の現場や事務職の従業員のほうが数が多いこともあり、彼らの働き方にだけ目が向いてしまいがちです。私たちの施設でも、現場の従業員については有給休暇取得率の向上や残業時間の削減が進んでいましたが、調理担当者の働き方は手つかずの状態でした。

調理担当者から話を聞くと、彼らは毎日、朝食を作るために朝5時に出勤していました。施設の食事はおいしく作ることも大事ですが、入居者の誤嚥事故などを防ぐため、具の大きさ、トロみ、量、味付けなどについて、ほとんど個別対応で作らなければなりません。担当者は、量や切り方を間違えないように気を配り、４００人以上の入居者に向けて午前8時に朝食を提供します。1食あたりの予算もあり、食材のロスも減らす必要があります。

そのような負担があることを知り、食事提供の仕組みを抜本的に変えようと考えました。従来は各施設のサテライトキッチンで食事を用意していましたが、それを一本化することによって調理担当者の負担を軽くしようと考えました。

セントラルキッチンでは、翌朝の朝食と昼食を作って冷蔵しておきます。調理担当者は、それらを温めてトレーに並べて提供しますので、早朝出勤して調理していたときと比べて出勤時間を遅くできます。具体的には、出勤時間が午前7時になります。その後は、昼食も同じように用意して提供し、その日の夕食を調理してトレーに乗せ、翌日の朝食と昼食の用意を行います。

調理は夕方4時には終わりますので、その後は調理場や器具を洗浄・清掃してその日の業務は終わりです。この仕組みに変えて洗浄と清掃の時間を確保しやすくしたことで、職場の衛生状態も良くなりました。

効率化と機械化によって従業員の負担を抑えることは事業の継続性を高めます。ホスピタリティーの観点から見ると、調理の効率化や機械化は「手作り感がない」「人の温もりが感じられない」と感じる人もいます。

しかし、重要なのは中長期で見ることです。調理担当者の負担を放置すれば辞めてしまうかもしれません。人がいなければ食事の提供ができなくなる可能性もあります。それはサステナブルではありません。事業として継続していくためには感情論にとらわれることなく、継続性を高めることに主眼を置いて事業を変えていくことが大事です。

また、セントラルキッチンによる食事提供の一括化は、食事作りの工程を可視化することにもつながります。従来、各施設では食事の担当者が感覚的に利用者の食事を作っていました。利用者の食事は人それぞれ違い、安全確保の面で作り方も決まっていますが、実際の作業は感覚的なところが多く、「ちょっとトロみあり」「あっさりした味付け」など、明確な基準がない状態で調理していました。「ちょっとトロみあり」の「ちょっと」の部分が感覚的であるため、担当者によって変わります。

その点、セントラルキッチンは機械化されていますから、感覚的な調理を規格化できます。これは社会福祉法人では初の取り組みで、調理方法のルールに準じて食事の出来栄えのムラをなくし、統一化できます。

調理担当者の負担軽減の方法としては、調理業務そのものを外部の業者に委託することもあります。しかし、私は絶対に内製が良いと思っています。

その理由は2つあります。1つは、外部の業者に任せることで、自分たちが管理できる領域が狭くなることです。例えば、物価上昇などによって委託業者が値上げをした場合、私たちはその要望を受け入れざるを得ません。内製であれば材料費や光熱費を抑える工夫ができますが、外部委託では業者側の言い値になってしまいます。実際、過去に業界内で食事の委託が主流となったことがあり、私たちの施設にも業者の営業が来ていました。当時の費用は、一人あたり月2万5000円でしたが、今は5万円に値上がりしています。このような影響を抑えるためにも、自分たちでコントロールできる領域は確保しておくべきです。

内製が良いもう1つの理由は、食事の質を高めることも自分たちの業務に含まれると思うからです。福祉サービスの良し悪しは、施設の快適さや従業員の介助など複数の要素に影響されます。食事もその一つの要素で、安全でおいしい食事を提供することは私たちの施設のアイデンティティーの一部です。食事の質を高めることが、施設や法人の強みにもなります。

事業計画は繰り返し検証する

建物など長期で地域に残るものは、その施設が従業員が長く働く場となり、利用者にとっての終《つい》の住処《すみか》になることを念頭に置いて、設備などよりも入念に計画を立てることが大事です。私たちの場合は、一つの建物を建てるにあたって、平均で２００回くらいの建築定例会議を開き、細部にわたって検証を行うなかで使いやすい施設のあり方を考えます。何度も議論するなかで細かなアイデアを出し、現場の従業員の声も十分に聞くことで、従業員と利用者にとって快適な施設のスタンダードをつくっています。

こうして練り上げた計画で造る建物は使い勝手の面で質が高くなります。そのような建物が評価され、地域の財産となれば利用者も増えやすくなりますし、従業員も長く働けます。また、見た目や雰囲気も重要で、周囲の人がうらやましく感じるたたずまいの施設になれば、働いている人も誇りに感じます。

見た目やデザインに関しては、施設は観光地ではなく、福祉サービスの拠点であるという観点から「華美である必要はない」「質素で地味な建物が良い」と考える人もいます。しかし私の考えは違います。利用者が心の安寧を感じられるような、利用者の家族がここに預けて良かったと安心できるような、そういう価値を生むことも投資の一面です。

そのためには、多少の経費がかかったとしても、旅館に来たときのようにワクワクできる雰囲気が大事です。身内の高齢者を施設に預けることについて、姥《うば》捨て山に捨てるような後ろめたさを感じている利用者家族がいるとしたら、自分の家よりも立派なホテルのような施設に預けることが心の負担を軽くすることにつながります。入居した人が「きれいなところに住めて良かった」と感じたり、利用者家族が「良いところで看取ってもらえて良かった」と感じたりするような建物を造ることが社会福祉法人の役目です。そのような声が掛かることで従業員は自分の業務に誇りをもてます。

もちろんこれは私たちの施設の考え方であり、これから造る建物についても同じ考えで設計し、計画していきます。そして私たちの想いをしっかりと受け止めてくれる設計者とともに造り上げていきます。

一方で、質素な造りの施設を好む経営者もいます。もちろん考え方は多様でよいのですが、業界全体が前例主義で新しい試みに背を向ける傾向があるなかで、私は過去にないようなタイプの施設を造ることが業界に向けたアンチテーゼになると思っています。実際、私たちの施設には多くの関係者が見学に訪れ、彼らからも良い施設だと評価されます。

見学者には、私たちのこだわりや、どんな議論を経て完成したかを伝えますし、設計などに関する資料も渡します。それらの知見について、私たちは常にオープンにしていますし、むしろ参考にしてほしいとも思っています。私たちの実例が理解されれば、それが施設のあり方を変えるきっかけになります。

社会福祉法人の事業は公共性がありますので、税制優遇などを受けている見返りとして、情報を開示することも私たちの役割であり矜持《きょうじ》だと思っています。このような情報開示は業界を変え、有効な投資にもつながります。同じように考える人が全国に増えていくことで、業界は着々と変わっていくと思いますし、広めていくことが課題でもあります。

損切りをためらわず、未来を見据えて考える

業務効率の向上という点で効果が期待できるのはデジタル化です。特にＩＴ活用、ＤＸ、ＡＩ導入などは時代の大きなキーワードで、中長期の発展という点でも無視できない取り組みです。

福祉サービスも近年ではデジタル化が進んでいます。ただ、ＩＴ機器を導入したけれど業務に使われていない、アナログの業務が残っている、使い方が分からない従業員がいるといった課題も多く、無駄な投資に終わっているケースもあります。

このような失敗を避けるためには、デジタル化の目的を明確にすることが必要です。ＩＴ機器などは、それらを導入することが目的ではなく、請求業務を簡略化することです。その

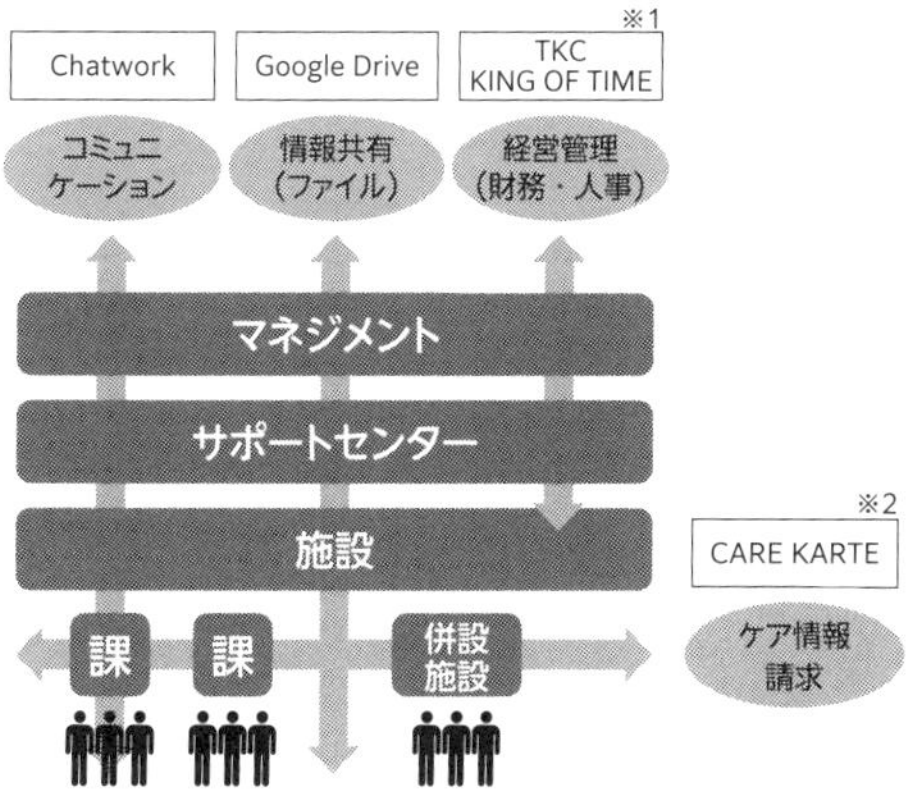

※1　財務諸表の作成等が可能な会計ソフト
※2　記録・スケジュール管理が可能な介護事業所向けの業務ソフト

福知山学園のDX推進事例

目的を達成する手段としてデジタル化があります。

失敗するＩＴ投資はこの目的と手段が逆転し、ＩＴ機器などを導入することがゴールになります。しかし導入は実際にはスタートです。その後の運用によって業務がどう変わるかが重要で、良い効果が得られているかを確認しなければなりません。確認して効果が出ていなかったり、現場の従業員の不満が生まれていたりするようであれば、投資費用を損切りして新しい機器に入れ替える必要があります。また、ソフトなどを使いこなすことも大事です。ソフトを部分的に使って満足するのではなく、業務効率化や生産性向上のために使い倒す意識をもつことが大事です。その意識をもってソフトと向き合い、期待した効果が得られそうになければ思い切って損切りすることも重要な経営判断です。

このように、方向転換する場合には一度ゼロに戻るほうが早いと思います。無駄はできるだけ省きたいですが、すべての経営判断がうまくいくわけではありません。そのことを踏まえて、だめなら捨てればいいくらいの覚悟をして臨むほうがうまくいきます。

これは事業も同じです。今はこうだから、過去はこうだったからと考えると大きな変革はできません。未来を見据え、そこからバックキャストで考えることが大事です。すでにあるものを方向転換するより、ゼロから考えたほうが結局目指す姿には早く近づけるのだと思います。

私たちの場合も、ＥＳ重視を軸とする経営はゼロから考えました。既存の社会福祉法人の固定観念にとらわれないことで、未来像を描くキャンバスを真っ白にして、頭をゼロにすることでスムーズに未来像を考えることができ、新たなルールをつくれました。前例主義が横行する社会福祉法人の業界では特にこの点が重要です。

従業員のマルチタスク化

ソフトなどの活用では、法人全体、グループ全体で統一することも重要です。ＩＴ活用がうまくいっていない施設を見ると、部門ごとに違ったソフトを使っていたり、人によって使い方が違っていたりするケースがあります。重要なのはすべての人が同じデータを参照できるようにデータを共有し、全員が簡単にアクセスできるようにすることです。そのためにも、ソフトを導入したら活用を徹底しなければなりません。

デジタル化によって従業員の手間が軽減できた場合には、余った時間や労力をどう使うかも計画しておくことが大事です。時間を使い、そこで新たな価値が生まれたときに、初めて投資の効果が生まれます。

私たちの施設では、事務職の人が利用者の送迎をしたり食事の提供をしたりします。各業務の線引きをすることなく、従業員がマルチタスクで動くことを前提としていますし、採用の際にも、事務以外の業務も兼務することを伝えています。私自身も、理事長室の業務だけでなく、人が足りない部署を手伝いますし、施設の玄関の掃除もします。

これは従業員がいろいろな業務に携わり、そのなかで多様な能力を身につける機会になりますし、経営面では人口減少の時代での人手不足対策にもなります。少数精鋭の施設運営を行う場合は、縦割り組織のような仕事の割り振りではなく、職務分担と社風の両面において、周りで困っている人がいたときに手を差し伸べられるような組織に変わっていくことが大事です。そのような組織変容を実現するうえで、デジタル化による業務の軽減はそのきっかけになります。

ツールを通じて業務のやり方が統一されると、人の部門間異動もしやすくなり、異動によって従業員の能力を広げる機会にもなります。従業員同士の新たな交流をつくることで組織が活性化します。異動した先でも同じツールで、同じようにデータにアクセスできれば、新しい業務にもなじみやすくなりますし、異動に伴う引き継ぎなどの手間も省くことができます。これも中長期で継続する組織づくりにつながります。

サステナブルな組織づくり

中長期の観点での発展をしていくためには、何事においても計画性が重要です。計画とは、社会の未来像を想像し、そのなかで自分たちが目指す姿を掲げて、そこに向かって未来志向で考えるということです。設備投資するなら、投資してどうなるか、新たな事業をつくるなら、その事業をつくることで自分たちがどう変わるかを考えます。

そのための議論は何度も行う必要があります。より良い組織にしていくためになにをするかをみんなで考える、その積み重ねが組織としての一体感を生み、未来の方向性も見えやすくなります。

会議のなかで私のアイデアを積極的に提案する一方で、役員や施設長や従業員にも自由な発想を期待します。なにが成長につながるか分からない時代だからこそ、経営者が最終的な判断を行うにしても、発想は多様であることが大事です。

それぞれの理想や改革のアイデアがあれば、その個性を理解したうえで具体的な計画に落とし込み、実行していく人が必要です。理想に近い状態のイメージを具現化できる人がいることで、企業は大きな成長ができます。アイデアを出す人がいなければなにも生まれませんし、アイデアを形にする人も必要です。

業務についても、興味や関心があることに積極的に関わる姿勢を醸成する社風が重要です。新しい施設を建てるなら、そのマネジメントをしてみたいと思う人もいるかもしれません。経営者や役員以外に従業員の意見が加わることで、より良い施設が造れる可能性があります。従業員が自分の意見を発信することで本人の能力も伸びます。

組織の未来をつくることが経営者の役目の一つだとすれば、従業員にも先を想像する重要性を伝え、50年後の福祉を自分たちがつくる意識を育てていくことが大事です。福祉サービスは、制度の面では国が主体です。少子高齢化などの人口動態、地方財政、人口減少などの社会変化を踏まえて、国が大方針を決めてビジョンを示します。

しかし、そのような方針を考える人の多くは当事者ではありません。現場を知っているのは実際に介助などに携わっている人であり、また、その人たちの集合体である社会福祉法人です。福祉のあり方の議論では北欧が参考にされがちですが、日本には日本の考え方や価値観があり、国民性があります。国ごとに社会インフラが異なることを前提にすると、最も地に足のついた現実性が高い施策は社会福祉法人がつくれるはずです。

そのためにも、社会福祉法人が先陣を切って自分たちの未来のあり方をイメージし主張していくことが大事です。正しい経営を実現するための施策は無数にあります。従業員を巻き込みながら多様な意見を集め、効果的な方法を追求し、挑戦を続けていくことが求められます。

第6章

利益を還元し、地域の基幹産業となる——

社会福祉法人がもつポテンシャル

事業の継続性を高めるＢＣＰ

社会福祉法人には、地域福祉のインフラとして常にそこに存在し、機能していることが求められます。正しい経営を目指す変革の施策も、地域福祉のインフラとして存在し続けることにつながります。

長期で存在し続けていくためにはＢＣＰ（事業継続計画）の取り組みが重要です。ＢＣＰは、災害などの緊急事態でも企業と事業を継続させるための計画のことで、米国では２００１年の同時多発テロ（９・11）によって、日本では２０１１年の東日本大震災によって多くの企業が活動できない状態に陥ったことから、この取り組みが重視されるようになりました。

企業の取り組みを見ると、ＢＣＰを策定している企業は決して多くありません。大企業では71・４％に及びますが、中小企業は27・６％で、企業規模によって差があります（東京商工会議所会員企業、２０２３年）。社会福祉法人の多くは規模的に中小企業に含まれ、ＢＣＰを策定している組織は少数です。

ＢＣＰは、モノを作る、運ぶ、雇用を守るといった企業活動を維持することで人々の生活や経済活動を守ることにつながります。これらは社会福祉法人においても重要です。社会福祉法人は半官半民の要素はありながらも独立した事業体ですので、突発的な外部環境の変化があっても事業を継続する強い意志と施策をもたなければなりません。

調べてみると、ＢＣＰの施策は福祉サービスのインフラとして不可欠なものであることが分かりました。地域に必要とされ、地域に貢献し続けるためには、収益性を高めることによって事業を伸ばしていく取り組みだけでなく、災害発生時などの有事を想定した事業継続のための準備が必要であると理解したのです。

それ以前も、従業員や利用者の安全確保を目的として、防災の取り組みは進めていました。防災は、地震、火事、大雨といった災害に備えるためのもので、ヘルメットやランタンなどの備品や自家発電装置を準備しています。

しかし、ＢＣＰの概念を学んでいくと、それだけでは事業を継続することにはつながりません。災害の被害を最小限に抑えることはできますが、被災した状態から事業を復旧させたり、福祉サービスを継続的に提供したりするためには、そのための人員の調達と配置計画、システム障害への対応、非常時の資金調達難などについても対策が必要です。

そこで、私たちは地域に根ざす社会福祉法人としてＢＣＰを重要施策の一つと位置付けました。組織内で事業継続のリスク要因などを管理する委員会を立ち上げ、ＢＣＰ分野の知見をもつ外部コンサルタントも活用しながら、地域福祉のインフラとしての強靭《きょうじん》さを高めることにしました。さらに、地域内外のほかの施設や異業種の企業との連携を通じて、ＢＣＰの重要性を周知し、有事の際に協力し合える関係の構築にも取り組んでいます。

ＢＣＰの施策を具体的につくっていくうえでは、まず社会福祉法人としてなにを優先して守るのかを明確にします。社会福祉法人の場合、利用者の安全と生活を守ることや、従業員の生活を守ることが優先順位として高い目標となると思います。

これを明確にするためにはミッションなどの理念や、法人としての経営方針などに立ち返る必要があります。私たちの場合は「人を創る　社会を創る」がミッションですので、人の面では、従業員と従業員の家族、利用者と利用者家族を守ること、社会の面では、福祉サービスの提供を止めないことがＢＣＰにおける命題です。

優先して守るものが明らかになったら、次はリスクの洗い出しです。例えば、私たちのように入居者がいる施設は電気やガスなどのライフラインが止まれば命に関わる事故が起きます。そのリスク対策として、自家発電装置を中心とするエネルギー確保の設備と手順を

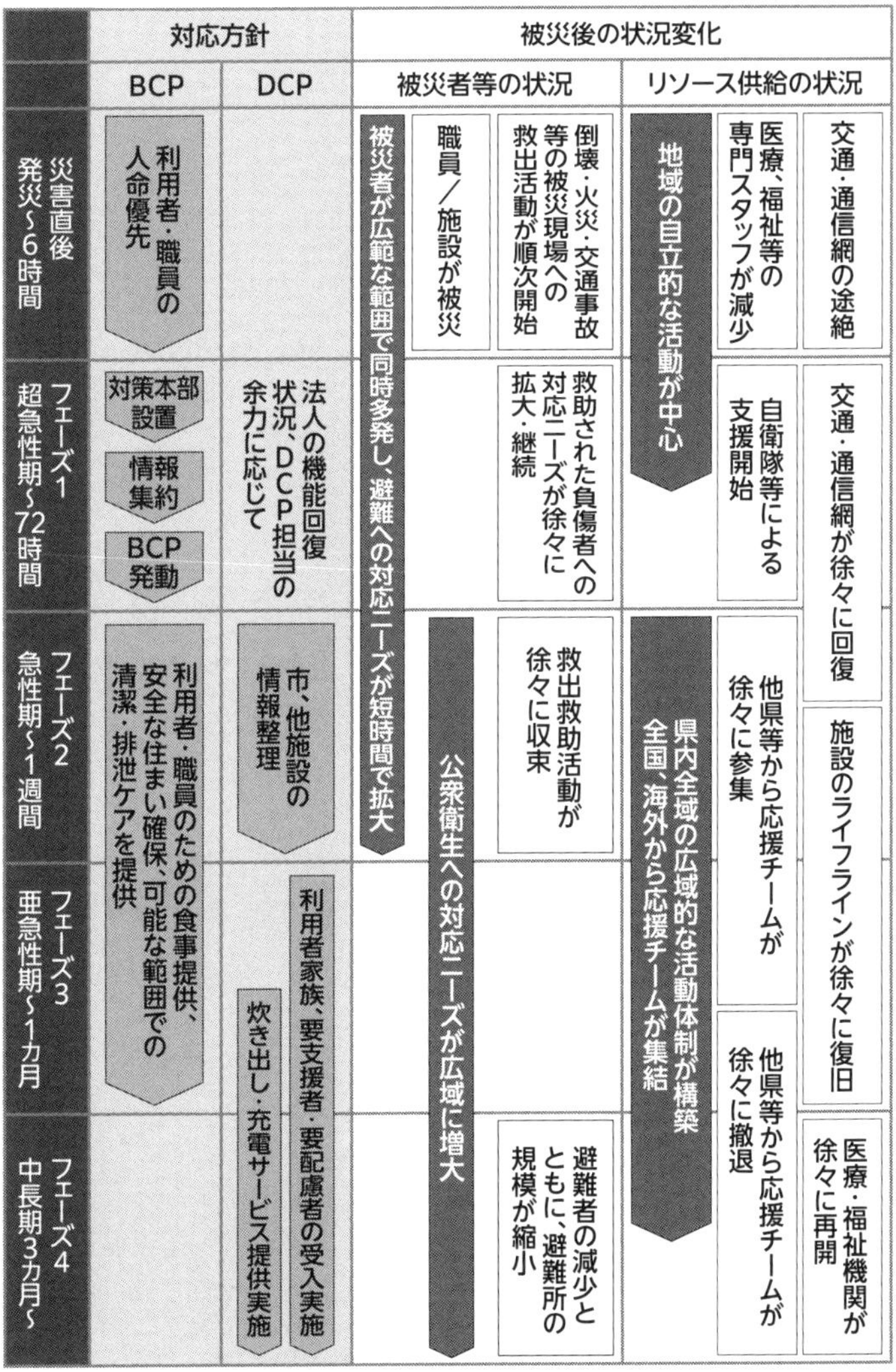

福知山学園のBCPの策定フロー

明確にし、さらに電気自動車をバッテリーとして使う仕組みもつくっています。

リスクを特定したら、次に有事の際の現場での指揮系統を明らかにします。こういう災害が起きたときにはどう動くか、理事長や役員が不在の場合にはどうするかなど、さまざまなリスクシナリオを想定して、誰が指揮を執るか、どんな手段で連絡を取るか、情報はどこに、どんな形で集約するかといったことを決めています。

ここまでの過程でBCPを策定できますので、最後はその計画を着実に実行するための訓練を定期的に行います。私たちの場合はBCP訓練の日を設定し、停電している状態で課長職が指揮を執る、施設長不在の状態からシステムの復旧を目指すといった細かなシチュエーションや目標を掲げた訓練に取り組んでいます。

BCPの訓練は想定したシナリオで行いますが、想定できる事態範囲には限界がありま す。実際にはシナリオにない状況が起きる可能性もあります。しかし、多少なりとも準備と訓練ができていれば有事でも事業の継続性は高まります。従業員の意識としても、自分たちと利用者の命を守る責任が生まれ、危機感をもって業務にあたることができます。

正解がないBCP対策においては、完璧を追求することよりも、まずはできる範囲から対策していくことが大事です。正解に近づくために知恵を出し続けること、また、その結果としてBCPをより高度な内容にしていくことが事業の継続性を高めます。

災害対策拠点として貢献

BCPは、従業員と利用者の安全確保により、地域に向けた福祉サービスを継続するための計画です。一方で、社会福祉法人が地域に根ざした事業であり、公共性と公益性の高い事業であることを踏まえると、BCPの取り組みを一歩広げることで、地域に向けたより広範囲で有効な貢献ができます。

この考え方をDCP（地域継続計画）と呼びます。DCPもBCPと同様に災害発生時を想定した継続性を目的としています。異なる点としては、BCPが企業や事業単体の継続性に主眼を置いた継続計画であるのに対して、DCPは地域の継続性という視点で計画を考えます。

施策の面では、BCPが企業内でのエネルギー源の確保や指揮系統の明確化などを行うのに対して、DCPは地域を主体として、行政やライフライン企業との平時からの連携強化などによって災害による被害からの早期復旧を目指します。

ＢＣＰによって企業それぞれの事業は継続できますが、東日本大震災のような大きな災害が発生した場合には事業基盤となる地域全体が大きな被害を受けます。日本が地震大国であり、南海トラフ地震なども想定されるなかでは、そのような大災害に対応するため企業単体の備えにとどまらず、地域全体の継続性を視野に入れた計画が重要になります。

ＤＣＰは社会の認知度が低く、ＢＣＰよりも実施率が低いのが実態です。その理由は、企業内に事業継続などに関する知見やノウハウがないこと、計画の立案に向けたリソースが足りないこと、地域内連携の体制ができていないことなどです。

ただ、社会福祉法人はその特性として行政などとの連携の仕組みができています。その点でＤＣＰとは親和性が高いといえます。ＤＣＰ分野で地域をリードできる立場で、その役目を果たすことで地域に貢献できます。

そのような観点から、私たちはＢＣＰと並行してＤＣＰにも力を入れています。また、ほかの社会福祉法人も含めて、それぞれの施設を拠点としたＤＣＰを通じて地域に貢献することが、地域との良好な関係構築と、地域内における施設や法人の価値向上につながると考えています。

地域支援の方法はさまざま

ＤＣＰの観点で施設が貢献できるのは、施設の収容力を活かすことです。例えば、地域で感染症などが流行した場合、社会福祉法人は保健所と連携しながら受け入れ先となることができるかと思います。そのためには、まずは自分の施設のＢＣＰが機能していることが条件ですが、地域の一員として危機脱出のための貢献をする意識はもっておく必要があります。具体的な貢献の施策をあらかじめ考えておくことも大事です。また、いざというときにスムーズに連携できるように、ＤＣＰをキーワードとして行政や地域の医療機関などとの関係を築き、実行可能な計画を一緒につくっていくことも重要です。

私たちなりのＤＣＰとしては、セントラルキッチンを活用した地域支援も計画していきます。セントラルキッチンでは調理して冷蔵した食事を常時ストックしています。これらは72時間以内であれば提供でき、災害などが発生したときの初動支援になります。このような支援をしたいと考えたことも、セントラルキッチンを導入した理由の一つです。

地域に向けて実際の支援の事例としては、コロナ禍で地域の施設や病院などにマスクを配ったことがあります。コロナ禍は天災ではないものの、個々の企業単位では解決できないほど地域住民の生活が脅かされ、経済活動が停滞することになった大災害でした。

日々の生活に必要なマスクが不足したことで、私たちの施設もまた同様の危機に陥りました。このような状況のなかで、私は融資を通じて付き合いのある都市銀行と連絡を取り、マスクを調達しました。コロナ禍でも銀行は営業しているため、おそらく独自の入手ルートがあるはずと考えたのです。

そのつながりから、子ども用も合わせて55万枚のマスクと感染対策防護備品を購入することができました。金額にして1億円以上です。それを従業員とその家族用として一人につき1年分ずつ配り、残りは施設・地域の病院などに寄付しました。従業員たちだけでなく、地域の人たちの安心安全のため、必要なものは分かち合うのが当然だと考えて実行に移しました。これはＤＣＰの意識と行動が役に立った出来事といえます。

このような支援ができた背景として、私たちは事業を通じた利益剰余金が手元にあったために、感染対策に必要な備品購入の費用として支払うことができました。また、融資を受けるだけの関係にとどまらない金融機関との付き合い方を模索した結果として、マスクの調達力がある金融機関とつながりがあり、必要な分を融通してもらえる関係を築いていました。これらは事業の安定と成長を目指すための取り組みで、ＤＣＰとしてのマスクの寄付はいわばその副産物といえます。

社会福祉法人は、まずは公金頼みにならない自立した経営を実現することが第一ですが、その先地域にどう貢献するかを考えることが重要です。役に立つことができれば、地域に信頼してもらえるようになり、公共性の高い法人としての価値が高まります。そして従業員も、このような支援を誇りに感じ、社会福祉法人で働いていることや、地域貢献につながる業務に携わっている価値を再認識できます。

ＤＣＰではほかにもさまざまな貢献ができるはずです。私たちはその可能性を見据えて施策の幅を広げ、サステナブルな地域づくりに取り組んでいきたいと考えています。

異業種との連携で地域の基幹産業を目指す

ＤＣＰを含む地域単位での福祉サービスの拡充は、企業単体の取り組みを超えて地域内で取り組む課題です。そのためには、社会福祉法人単体や業界内のみではなく、異業種を含めた連携や協業を強化していく必要があります。

社会福祉法人は福祉サービスのインフラですが、生活を支えるインフラとしては、市民サービスを支える行政もありますし、エネルギー業界、鉄道など交通機関もあります。また金融業界も経済を滞りなく動かしていくための重要なインフラで、この業界との連携ではさらに多くの支援を実現できます。このような業界の垣根を越えた横のつながりの強化によって、地域は災害などの有事に強くなり、住民が安心して暮らせるようになります。

現代では、通信も重要なインフラです。社会福祉法人には利用者管理を効率化するニーズがありますので、この分野でも、通信会社やＩＣＴ企業との協業が検討できます。例えば、入居者の位置情報をＩＣタグなどを使って把握すれば、無断外出などによる不要な事故を防ぐことができる可能性があります。私たちは利用者の行動特性を分かっており、過去のデータももっています。ＩＣＴ企業は、それらのデータを分析したり管理したりするためのツールづくりができます。このような知見と技術の組み合わせによって、施設にとって利便性が高いツールを共同開発したり、福祉サービスを高度化する新しい仕組みを構築したりすることができます。

インフラだけでなくもっと広い意味での連携では、まず地域における社会福祉法人の重要性を周知し、サービス面でも事業の成長性の面でも地域に欠かすことができない基幹産業であるという認知を広げていくことが大切だと考えています。それによって民間企業からの支援を得ることもできると思っています。都市部に本社のある大手企業でも、地方に支店があったり、店舗をもっていたりします。そこには働き手がいますし、社員のなかには高齢者や障がい者の世話をしていたり、家族が施設に入所させていたりすることもあります。

このような企業の理解と協力を得ることで、社会福祉法人は民間企業と協業して地域活性化につながる企画やサービスの仕組みをつくれる可能性もあります。福祉サービスの基金などを設立し、福祉分野でスタートアップを支援したり、老朽化した施設の再生や利活用を推進したりすることもできると思います。

また、国の制度の拡充を呼びかけることもできます。かねて地方創生や地域の活性化は国が長年課題として取り組んでいますが、都市部への人口流出が続いている地方の現状を見ると、その成果は限定的です。

もしかしたら社会福祉法人と民間企業の連携を国の制度として推進できるかもしれません。社会福祉税のような形で民間企業にも福祉サービスへの支援を求めるとするならば、企業の資本金などのなかで一定の支援金を負担してもらうルールを設けたり、それをスキーム化したりすることもできます。

社会福祉法人と民間企業の知見を持ち寄り、それを国策として推進していくことで、日本の風土や国民性に合う福祉サービスのあり方を確立できると思います。

事業性重視の連携が重要

異業種の企業との連携で重要なのは、福祉分野に向けた補助を得ることではなく、社会福祉法人と企業と国が対等な関係で手を組み、事業化を前提とした取り組みを生み出すことです。地域福祉の分野ではすでに国や行政からのさまざまな補助があります。民間企業による善意の支援もあります。これらはＣＳＲ（企業の社会的責任）の観点では福祉サービスの基盤を固めるために重要です。しかし、善意に頼るだけの支援では社会福祉法人が成長しません。

それを避けるためには事業化の意識が重要です。ボランティア的な一方的な支援ではなく、国、行政、民間企業、社会福祉法人がそれぞれ利益を得ることを共通の目標として協業し、事業として福祉分野を拡大していくことが重要です。

協業の過程では、それぞれが相互研鑽することによって事業づくりや経営改善の面で成長します。知見の共有や人の交流によって、例えば、民間企業が福祉分野で新しい事業機会を見つけたり、社会福祉法人はその事業の実行部隊として新たに利益の源泉をつくったりすることもできます。

また、地域に根ざした社会福祉法人に変わるためには、地域ごとの社会福祉法人の団体もなくてはならない存在です。例えば、DCPを踏まえた行政との連携や、事業性を重視した異業種の企業との協業も、社会福祉法人単体で取り組むよりも団体として推進したほうがスピードが速くなり、効果も大きくなります。

ただし、そのためには従来の前例重視の慣習や、行政への依存、変革しなくても社会福祉法人は潰れないという意識を捨て去ることが必要です。この意識が変われば団体として大きな力を発揮でき、地域における社会福祉法人の存在感も強くできます。社会福祉法人は各地域に根ざした事業をしていますので、それぞれが地域との連携を実現することで、地域のインフラとしての重要性はもっと大きくできる可能性も感じています。

団体や業界の変革では、地域に働きかける魅力をどう増していくかも課題です。例えば、地域のイベントなどでは障がい者や高齢者の施設も参加しますが、アピールとアプローチの方法が地味なため若い人たちには支持されません。イベントに出すテントの見た目から催しの内容に至るまで、興味をひくような仕掛けになっていないのです。

これも意識の問題で、福祉事業に関わる人は「派手にしてはいけない」「はしゃいではいけない」といった考えが根底にあるのだと思います。しかし、地域の人に興味をもってもらうためには、見せ方も重要です。福祉サービスとはどんなものか、どんな人が、どんなモチベーションをもって働いているのかといったことをワクワク感をもって知ってもらえるような方法で周知していくことが大事です。

そもそも社会福祉法人の存在を地域に周知できていないのなら、その役目や価値を伝える方法を練ることが大事です。これからの社会福祉法人を活性化させていくために、若い人が興味をもち、働いてみたいと思えるように見せ方を工夫していく必要があります。

人口流出を食い止める

社会福祉法人は、その事業を拡大していくことによって福祉サービスにとどまらない地域の社会課題の解決にも貢献できます。

例えば、地方では都市部への人口流出が大きな地域課題です。国全体としても人口減少が進み、約50年後の2070年には、総人口は8700万人まで減ると予測されています。また、労働生産人口である15~64歳の人口は、2020年比で3000万人減って4535万人になり、一方で、65歳以上の高齢者層は同期間で10%増えます。

これは生産性の低下という点で大きな課題です。施設のニーズである高齢者の割合が増える一方、働き手が減ることは福祉サービスのインフラとしても大問題です。介助が必要な人を世話できなくなれば、彼らは家で過ごすこととなり、家族が働けなくなります。

これは障がい者についても同様で、施設の人手不足が深刻化することで、利用できない人を家族が世話することになります。そうなれば、家族は施設がある地域に引っ越すことになります。

つまり人口減少、高齢化、少子化といった人口動態の変化が施設の人手不足を招き、施設に入れない人が増えることが各家庭の負担になり、負担軽減のために地方から人が流出するというドミノ倒しのような問題が起きます。

地域の衰退を止めるためには、この流れを逆回転させなければなりません。そのために社会福祉法人が貢献できるのは雇用の部分です。社会福祉法人で働く価値を高め、従業員を増やすことが人口流出を止める一つの手段になります。

人の流入と流出は、単純にいえば、魅力があれば残り、なければ出ていくということです。社会福祉法人を含む法人は雇用形態を整えることで、地域にとどまる人を増やすことができます。魅力ある働き方をつくり出すことによって、ＵターンやＩターンをうながし地域で働く人を増やすこともできます。

その観点から私たちが始めた取り組みの一つが、従業員の奨学金返済を法人で支援する制度です。約半数の大学生が融資型の奨学金制度を利用しており、給料から奨学金を返さなければなりません。勤めたばかりの頃は給料が少ないため、そこから返済するのは負担です。また、奨学金も借金の一部ですから、親の立場としても子どもが借金返済をしながら仕事をしなければならないことに心理的な負担を感じます。

そのような背景から、私たちの法人では高校生を含む新卒の従業員に毎月3万円、最大で１８０万円（3万円×12カ月×5年）の返済支援を行うことにしました。同様に第二新卒の従業員にも毎月2万円、最長5年間の支援を行います。奨学金の返済額は平均で約３１０万円、毎月の返済額が平均約1万５０００円（労働者福祉中央協議会　２０２２年）であることから、この制度を使うことで従業員は返済負担をなくすことができます。実家

2024年 新卒者	2024年4月 入社	奨学金等の借入総額及び返済計画が分かる書類を法人へ提出	10月頃 奨学金返済開始	日本学生支援機構奨学金	●月額30,000円助成 <代理返還制度利用> 直接法人から 日本学生支援機構に振り込み ※返済月額が30,000円以下の場合でも、30,000円支援を行い、繰り上げ返済を行う	最長5年間 <60回> 総額最大 180万円支援	毎年4月 返済証明書を法人に提出
				その他の奨学金	●月額30,000円助成 返済月額が30,000円以下の場合は、**返済月額分**を給与時に手当として本人支給を行う	最長5年間 <60回> 総額最大 180万円支援	
2024年 第二新卒者（2020年3月～2022年3月卒者）	入社		給与支給開始月より助成開始	日本学生支援機構奨学金	●月額20,000円助成 <代理返還制度利用> 直接法人から 日本学生支援機構に振り込み ※返済月額が20,000円以下の場合でも、20,000円支援を行い、繰り上げ返済を行う	最長5年間 <60回> 総額最大 120万円支援	
				その他の奨学金	●月額20,000円助成 返済月額が20,000円以下の場合は、**返済月額分**を給与時に手当として本人支給を行う	最長5年間 <60回> 総額最大 120万円支援	

福知山学園の奨学金返済支援制度の概要

の近くで働いてほしいと考えている親としても、子どもの経済的負担がなくなるのであれば福祉の仕事を推薦しようと思います。

これは従業員への投資であると同時に、私たちにとっても人材獲得で有利になるというメリットがあります。施設運営の継続は人がいて初めて成り立ちます。地域には魅力ある企業がいくつもありますが、そのなかで福祉サービスを選んでもらう一つの動機としても奨学金返済は魅力になります。

奨学金返済支援は従来の採用戦略とは異なるアプローチになります。実際にこの制度は評判が良く、求人広告ではなかなかリーチできなかった市外や府外からの応募も増えました。

とはいえ、もしかしたら奨学金を完済した従業員が別の施設や企業に転職するのではないかという心配もあります。しかし、私たちはそれでもいいと考えています。

社会福祉法人の大義は福祉にあり、困っている人に手を差し伸べることにあります。理想としては長期で勤めてほしいですが、奨学金返済支援制度によって困っている従業員の負担が減るなら、それも社会福祉法人としての大義を果たしたことになると思います。

一方では、奨学金を完済した従業員がその後も働き続けたいと思うように、労働環境や評価制度を整えるなどして法人としての価値を高めていきます。魅力があれば残り、なければ出ていく原則はどの法人についても同じで、彼らが残るか転職するかは、私たちの努力が十分だったかどうかを見る一つの指標といえます。

人を呼び込み、雇用を拡大する

人の流入による地域活性化は、国や行政が課題として取り組んでいます。それは施策として大事だと思う半面、社会福祉法人の立場からいうと、福祉サービスの視点が足りないようにも感じます。

地域に人を呼び込むためには、暮らしのインフラとなるサービスが盤石でなければなりません。例えば、地方での起業を支援したり、大手企業の本社を地方に呼び込んだりするための取り組みは進んでいます。しかし、それらが地域で働く人を増やす呼び水になっても、実際に人が働くためには福祉サービスが必要です。

子どもをもつ世帯や、もちたいと考えている世帯は、育児や教育のインフラとして、子どもを預かる保育所や幼稚園、子どもたちが通う学校が必要です。医療と福祉のインフラとしては、持病のある人が通院できる医療機関、高齢者を支援する介護施設、障がい者を支援する障がい者支援施設も重要で、それらが機能していなければ、そのような身内がいる人は移住できません。

普段はあって当たり前と思われているインフラは、足りないときやなくなったときにはじめて必要性が注目されます。地域活性化の議論では、そのことを今一度念頭に置いて、ＵターンやＩターンを増やす施策と併せて、インフラの整備と強化を考えることが大事です。

福祉サービスのインフラが充実するほど、人を増やせる可能性も大きくなります。安全に暮らせることが分かれば、地域の人にとってはそこにとどまる理由になり、外部の人にとっては移住を検討する材料になります。つまり福祉サービスは人が動くための理由の一つで、人生設計を考える根拠でもあるわけです。

また、社会福祉法人が地域の優良法人になれば、事業の成長に合わせて雇用を増やすことができます。それも地方への人の流入を促進する要因になります。雇用の拡大は生活手段の拡大と多様化につながります。福祉の仕事を魅力的にすることで、生きるための手段である仕事を通じて、仕事をするやりがいや誇りを生み出すこともできます。社会福祉法人にとっては、雇用を生み出すことによって地域の基幹産業となることが重要です。

さらに社会福祉法人の雇用の拡大は、地域の人材活用と経済の活性化にもつながります。地方は人口減少の影響を強く受け、都市部への人の流出も深刻です。しかし、地域に人がいないわけではありません。働く意思はあるけれど仕事がない、働ける時間帯が合わないので働けないといった事情で、活用されずに眠っている潜在的な労働力があります。

例えば、女性が働きやすい環境を整備することは潜在的な労働力を掘り起こすことにつながります。より多くの人が施設を利用できるようになれば、身内に高齢者や障がい者がいる女性も働けるようになり、社会福祉法人が成長することでより多くの雇用ができるという正のスパイラルが生まれます。

女性の雇用は社会福祉法人のさらなる成長にもつながります。労働生産人口が減っているのは事実で、人材確保の手段も無限にあるわけではありません。従業員の獲得は業界内外を含む競争で、早く着手し、一人でも多くの人を雇うことが企業の存続にも関わります。

そのためには潜在的な労働者層の掘り起こしが重要であり、女性は貴重な労働力となります。介助の現場業務から考えると、子育ては福祉サービスと親和性があります。子どもを世話することも、障がい者や高齢者を世話することも、誰かに寄り添いながら面倒を見るという点では同じです。男性や子育て経験がない人が介助に向いていないわけではありませんが、女性、特に子育て経験がある女性は高度な福祉サービスを提供できる可能性が高く、ただ、その力が活用されずに眠っているのが現状です。

女性が働きやすい環境づくりが大切

都市部ではすでに人材の多様化の観点で女性が働きやすい環境づくりが進んでいます。時短勤務の仕組みやリモートを活用して子どもがいる女性が仕事に就けるようにもなっています。国や企業の取り組みとしては、パートタイムで働く女性を増やすだけでなく、フルタイムで働く女性を対象として、給料の男女差を是正したり、女性管理職の比率を高めたりすることなどを掲げています。

社会福祉法人の施設は人が重要ですので、人口減少時代における人材獲得のための施策として、どの業界にも先んじて女性が活躍できる職場をつくり、女性の活躍を推進していく必要があります。そのための施策は、都市部の企業を参考にすることができます。

例えば、子どもを育てる女性に向けては、子どもがケガをしたり熱を出したりしたときにすぐに帰れるような職場づくりができます。そのためには、代わりをするほかの従業員の不満が出ないように簡単に早退できる制度をつくるだけでなく、コミュニケーションを活性化する施策や、互いを支え合う社風をつくるといった取り組みも必要です。

しかし、制度は従業員の理解と納得を伴わなければ形骸化します。有給休暇制度があっても有休消化率が低くとどまっているのがその一例です。周囲への気遣いや上司を気にして有給休暇が取れないのであれば、その制度は存在しないのと同じです。

経営者は制度をつくって満足してしまいますが、重要なのは制度の運用です。現場の声を聞きながら、制度を効果的に運用するために足りないものを突き止め、埋めていくことが大事です。

代わりをする人がいないのであれば採用を増やす、パートの人が代われるように業務を効率化するといった課題が見えてきます。意識の面では、理念や行動規範などを通じて、お互いを支え合う意識を醸成することができます。

女性の雇用、特にパートの人は休みの取りやすさや短時間勤務ができるかどうかが重視されます。休みやすく時短勤務ができる仕組みをつくれば、それが働き手に評価され、子どもを育てる女性同士のネットワークを通じて広がります。実際、私たちの法人は女性が働きやすい環境づくりに努め、有休取得率の向上も指標化して取り組んできました。その結果、働きやすく休みやすい職場と認知され、応募者が増えました。

また、私たちがＥＳを重視するのは、従業員の自己犠牲による事業は成立せず、自己犠牲が悪だと思っているからです。それと同じ理屈で、家族を犠牲にして成り立つ仕事もないと考えています。そのため、面接でも、子どもが最優先でいいと伝えています。そのような変革の積み重ねにより、社会福祉法人はもっと働きやすい環境になります。

共働きが普通になった今の時代では、女性が活躍できる場を増やすことは少子化対策にもつながります。夫婦が子どもをもつためには、子育てしやすい環境が必要です。学校などのインフラが必要ですし、障がいのある子どもの支援施設も必要です。

一人の女性が産む子どもの数（合計特殊出生率）が過去最低を更新しているなかで、少子化対策に国や地方公共団体は取り組んでいます。それは引き続き重要ですが、多くの人が不十分と感じているのも事実だと思います。

この状況を変えていくためには、行政頼みの対策に終始するのではなく、地域の企業や社会福祉法人が積極的に関わり、政策の後押しをしたり、政策とは別のアプローチで対策したりしていくことが求められます。女性の雇用促進や女性が働きやすい環境づくりはその一例です。安心して子育てできる環境が整うことで、働く女性の数は増えます。子どもが増え、世帯の収入が安定することで、地域の経済も成長しやすくなり、地域の魅力も高まっていきます。

多様な働き方を率先して実践

採用を通じた地域の労働力の活性化では、福祉サービスの分野以外から人材を採用する施策も重要です。福祉サービスをホスピタリティー産業と位置付けると、旅行、ホテル、観光といった業界で働いている人は福祉サービスと親和性があります。施設では医療の知識も必要であるため、医療機関で働いている人にも適性があります。

そのような人たちに福祉サービスの魅力を知ってもらえれば、人材の増員と多様化によって地域福祉のインフラ機能を強化できます。コロナ禍のときがそうであったように、観光や旅行業界などは景気の浮き沈みの影響を受けやすいため、それらの業界と福祉サービスの親和性が高いことを周知できれば、景気変動によって働き口を失う人が増えたときに、社会福祉法人がその受け皿となって地域の雇用を支えることもできます。

ホスピタリティー業務の経験を問わなければ、接客業や飲食業で働く若い人たちにも興味をもってもらえる可能性があります。福祉サービスは日々のコミュニケーションが重要です。接客の仕事には好き嫌いや向き不向きがありますが、人との接し方の良し悪しは少し観察すれば分かるものです。

国内の仕事の7割以上がサービス業であることを踏まえれば、接客にたけた人材は貴重ですし、引っ張りだこになります。社会福祉法人の経営者ではそのような視点をもっている人が少ないかもしれませんが、人事戦略では福祉サービスと親和性がある仕事をしている人や、ホスピタリティーの素質がありそうな人を積極的に採用していくことが大事です。仕事の価値や待遇面での長所を伝えることができれば、未来の社会福祉法人を背負って立つ可能性が高い若い人材を獲得し、定着させることもできます。

また思考や容姿や趣味の多様化が進んでいる時代では、ファッションや外見、ジェンダーの多様性も含めて、見た目にこだわることも不要だと考えています。人手不足がいよいよ深刻化したときに、そのようなことにこだわる法人は事業が運営できなくなります。すでに社会では見た目や身だしなみに関する社内のルールを緩和したり撤廃したりするケースもあります。

どこまで自由度を広げるかは業界や各組織の考えによります。しかし、人材戦略としては容姿や見た目の基準によって採用対象を制限することは少なくなっていくはずです。

また、多様性の観点でも、表現の自由を許容することは真の意味でその人らしく働ける職場にするうえで重要な論点です。

自由と責任が背中合わせであるという考えに立ち、きちんと仕事をする人には、その人が求める自由を認める仕組みづくりも、今後の社会福祉法人には必要なのです。

次世代の人材が可能性を切り拓く

経営に新しい視点を取り入れるためには、経営の若返りも進めていく必要があります。若さと能力をもつ人を育て、彼らに権限委譲していくことで、組織が変わり、時代の変化への適応力が高くなります。

社会福祉法人の業界では、経営の若返りが必要だと以前から議論されています。しかし、実際には同じ理事長が20年、30年と権限をもち続けています。これもまた前例主義と現状維持の表れであり、在籍年数と役職が比例する年功序列的な組織体系が根付いているため、いつまでも旧態依然とした経営から抜け出せないのです。

権限委譲は、現状維持よりも未来の発展を大事にするという考えに立って、経営側が言い出すことが大事です。社会福祉法人は、現状は行政の天下り機関となっている側面があるため、その仕組みそのものを見直し、壊していくことも重要です。高齢の経営者がいつまでも権限のある役職にとどまることがないように、期間などで区切って強制的に交代するような仕組みづくりも効果があるはずです。

また、次世代の社会福祉法人を担う若い人のほうから経営交代を提案できる、風通しの良い社風を醸成していくことも大事です。ほかの施設の次期経営者の人や経営幹部からはうらやましがられることがあります。旧態依然としている法人から見ると、私たちの組織は自由度が高く、さまざまなことを楽しんで、挑戦しているように見えるのです。

実際、私たちは変革のための挑戦を楽しんでいます。苦悩も失敗もありますが、足踏みしながら過ごすよりも、前に進もうとすることのほうが楽しいからです。だからこそ、彼らに対する私の答えは「今の経営者に引導を渡すのはあなたたちの役目」です。

私自身、前の経営者である父の未来を見据えた英断によって、早い段階での事業承継を促され、そのおかげでより多くの挑戦ができました。勇退を決断した父は、現状維持よりも未来の発展を重視し、思い切った組織体制の変革が必要だと考えたのだと思います。世代交代の加速によって引導を渡されるということは、それができる人材を育てた証しです。それは経営者として誇れる実績でもあります。

次世代の社会福祉法人を担う人材を育てるためには、現場の業務だけではなく、経営に関連する業務を経験する機会をつくることが重要です。例えば、社会福祉法人の理念策定や、施設の改修や新築のプロジェクトがあれば、次世代のリーダー層を積極的に登用し、責任ある職務を与えます。

また、経営者は事業全体を見渡して意思決定をします。部分最適ではなく全体最適の判断能力を高めるために、現場以外の部門を経験する人事異動を戦略的、計画的に行っていくことも大事です。例えば、経理部門で数字に触れれば、数字という客観的な事実を踏まえて、収益を増やす方法や経費を有効に使う方法を考える力が身につくはずです。自立した経営を実現するための取り組みは、その一歩深いところで未来の社会福祉法人を背負って立つ人材を育てることに通じていくと思います。

そして、次世代のリーダー育成のためにはES重視の経営が欠かせません。組織が従業員を大切にすれば、従業員も組織を大切にします。自分の職務に責任感と納得感をもち、熱意と誇りをもって業務にあたる人が増えます。そのなかから社会福祉法人の事業と可能性を切り拓く次世代のリーダーが育つということです。

おわりに

私は小学生の頃、社会福祉法人の経営者になりたい、と父や叔父を見て思いました。それを父に話すと「だったら、医師、歯科医師、弁護士、税理士の資格を取れば経営に関わらせてやる。それが法人に関わることができる最低限のルールだ」と言われたのです。

普通に勤めることをよしとしなかった父のおかげで、その経営者の息子が歯科医師の資格を得ることが出来、今日、社会福祉法人経営に関われるようになりました。現在は歯科医師の仕事はほぼできていませんが、医療の知識は現場では少し役に立つこともあり、父には感謝しています。父が伝えたかったことは、私が法人で必要不可欠な人であってほしい、そのためには利用者にとっても社員にとっても必要な資格を取得することが絶対条件だと、そう考えたのではないかと思います。

エッセンシャルワーカーという言葉があります。人々が生活していくために必要不可欠（＝エッセンシャル）な仕事に従事する人たちのことです。この言葉が注目されたのはコロナ禍で、厚生労働省は、彼らを緊急事態宣言時に事業の継続が求められる事業者の従業員と位置づけました。彼らは社会に必要不可欠な存在であると認められたのです。

私たち社会福祉法人の従業員はエッセンシャルワーカーです。彼らは地域福祉の担い手であり、介助の業務を通じて地域の人たちの安全と安心を支えています。

本書は、ＥＳ重視の私の経営方針を主軸の一つとしながら、社会福祉法人のサステナブルな経営の実現につながる施策を説明してきました。社会福祉法人が地域のインフラとしての存在感を高め、福祉に携わる人たちの待遇や職場環境が改善されていく未来をイメージしながらの執筆は、私にとって有意義な経験でした。また、介助の現場で悩んだり苦しんだりしている従業員を間近で見ている立場として、エッセンシャルワーカーとしての彼らの価値を周知する使命感も強くなりました。

一方で社会ではさまざまなエッセンシャルワーカーが働いていることに改めて気づきました。周囲を見渡せば、医療従事者、学校関係者、警察官や消防士などの公務員がいます。トラックや電車を動かす人たちやコンビニエンスストアなど小売店の店員がいます。

彼らも私たちと同様に「縁の下の力持ち」の側面があり、平時ではあまり注目されません。ベンチャー企業の経営者のようなキラキラ感はなく、YouTuberのようにチヤホヤされることもありません。しかし、私たちが平穏無事な生活を送れるのは彼らのおかげです。

私自身もエッセンシャルワーカーを束ねる経営者であると同時に、エッセンシャルワーカーによって安全で快適な生活を支えてもらっている一人です。

ＥＳ重視の私の経営方針が、施設の従業員の幸福感や充実感につながっているとするならば、異業種で働くエッセンシャルワーカーの人たちにもＥＳ重視の経営が必要だと思います。例えば、保育や介護の分野では処遇改善が議論されています。改善が議題になる理由は、そもそもの給料が低いからです。一方では、教員がモンスターペアレントに苦しめられ、役所の職員や店員はカスタマーハラスメントに悩んでいます。その原因は、一部の親や客の倫理が欠如していることですが、従業員が困っているのであれば、彼らを守るのは経営者の役目であり、そのための施策がＥＳ向上につながると思います。

かつて子どもたちは、警察官、消防士、学校の先生、保育士などを将来なりたい職業に挙げていました。今もまだこれらの職業は人気ですが、ストレスと不満が溜まる現状が改善されなければ、いずれ誰も目指さなくなります。社会に必要不可欠な職業であるにもかかわらず、その担い手がいなくなります。そして、その影響は、医療、教育、治安、交通、物流、福祉といった各種インフラの崩壊という形で私たちに跳ね返ってきます。

エッセンシャルワーカーの問題は、未来の日本の問題です。社会の安定を維持していくために、エッセンシャルワーカーは子どもたちが憧れる職業として返り咲き、その価値と重要性を広く理解されなければなりません。そのためには各業界の経営者たちが変革を掲げ、新しいことに積極的に挑戦していくことが大事です。

本書で述べた内容の多くは、ＥＳ重視の経営に舵を切ることから、異業種連携の促進に至るまで、これまで社会福祉法人が着手しなかった新しい挑戦です。私は引き続き経営変革の手を緩めることなく、社会福祉法人の価値向上に力を尽くしていきます。すでに施設の建物などには50億円超の投資をしてきましたが、理事長の座から退くまでには総額１００億円の投資をして、施設の従業員が誇りをもって働ける環境をつくっていきます。また、私たちの知見が役に立つのであれば、業界内外の人に向けてあらゆる情報を提供します。自ら外に出向いて講演もします。インフラの維持は社会全体の課題であり、そこに業界や業種の境界線はありません。

この取り組みが広がり、業界内外で同じ志をもつ経営者が変革のために立ち上がることを期待します。そして、社会を支えるすべてのエッセンシャルワーカーの人たちが、より良い環境で、生き生きと働く社会に変わっていくことを願っています。

考えて考えて考えて、無理なことはなにもありません。考えて考え考えて進んでいけば必ず輝ける未来があります。社会福祉法人が未来をもたらす仕事であることは間違いありません。

最後に本書の発刊において、社会福祉法人福知山学園開設に関わられた先人と、福知山学園後援会並びに行政関係各位、多くのステークホルダー、そして何よりともに歩んでくれているすべての社員の皆様に対して、心より感謝の気持ちを伝えたいと思います。

人に関わる私たちには今後も楽しいこと、困難なことも多くあると思いますが、決して諦めず考えて、考えて、考えて前に進んでいきたい、それが私の考える正しい経営だと信じています。

松本 修(まつもと・おさむ)

社会福祉法人福知山学園理事長兼医療法人翠光会理事長、歯科医師。経営している障がい児・障がい者並びに高齢者向けなどの25の施設では、残業時間、有休消化率、人件費比率等を法人目標として数値化し、徹底したコスト管理のもと一般的な営利法人さながらの経営管理体制や業務環境の改善を行っている。2016年以降、利益率10％のボーダーを上回り続け、両法人合わせた現在の売上は34億円に上る。

本書についての
ご意見・ご感想はコチラ

「公金頼み」と決別する

社会福祉法人の正しい経営

2024年3月21日　第1刷発行

著　者　　松本 修
発行人　　久保田貴幸

発行元　　株式会社 幻冬舎メディアコンサルティング
〒151-0051　東京都渋谷区千駄ヶ谷4-9-7
電話　03-5411-6440（編集）

発売元　　株式会社 幻冬舎
〒151-0051　東京都渋谷区千駄ヶ谷4-9-7
電話　03-5411-6222（営業）

印刷・製本　中央精版印刷株式会社
装　丁　　弓田和則

検印廃止

ISBN 978-4-344-94784-9 C0034
幻冬舎メディアコンサルティングＨＰ
https://www.gentosha-mc.com/